Círculo Rojo

TRIANGLE DE FOC MÀGIC

Neus LLalo

Círculo Rojo
EDITORIAL

Primera edición: noviembre 2023

Depósito legal: AL 2321-2023
ISBN: 978-84-1189-889-8

Impresión y encuadernación: Editorial Círculo Rojo

© Del texto: Neus LLalo
© Dibujos del interior: Mark Yudeka
© Maquetación y diseño: Equipo de Editorial Círculo Rojo

Editorial Círculo Rojo
www.editorialcirculorojo.com
info@editorialcirculorojo.com

Impreso en España - Printed in Spain

El papel utilizado para imprimir este libro es 100% libre de cloro y por
tanto, **ecológico**.

Al meu fill Arnau, per la seva implicació en aquesta història, fent una lectura i unes crítiques que jo he reconvertit en canvis en positiu.

Als joves lectors, perquè sàpiguen que la lectura obre totes les portes del nostre món, incloent-hi el món digital.

Índex

Naomi

Arnow

Albert

Paula

Jana

Pol

Pròleg

El grup de Panteres Forever es va trobar, abans que tots comencessin a marxar de vacances d'estiu. Formaven aquest grup d'amistat:

El Pol, de cabell negre, curt i sempre ben pentinat, de somriure fàcil i dents blanques i sempre amb ganes de riure.

L'Albert, amb cabell allargat de color caramel estil John Lennon i ulls color mel, pura i sincera simpatia irradiava amb tots.

La Jana, germana bessona de l'Albert, amb el cabell del mateix color que el seu germà, però aquesta tenia serrell, però sí que el portava llarg i atofat, cosa que li conferia una melena frondosa i elegant, com era ella una top-model en petit.

La Paula tenia una gran cua llarga de cabells rossos i uns expressius ulls blaus en una cara rodoneta, simpàtica, tota ella era pura vitalitat i eixerida com ella sola.

L'Arnau, de cabell rinxolat i ros que emmarcava els seus ulls de xocolata, tots deien d'ell que era molt seriós, ja que era un xic tímid, però, això sí, força responsable per la seva edat.

A tots els unia la seva passió pel futbol. La Jana anava amb ells per ser la germana de l'Albert, però a poc a poc es va anar aficionant al futbol com tots els membres de Panteres Forever.

Si bé el futbol va ser la base del naixement del grup, ben aviat van començar a fer en comú altres activitats on la diversió era l'ingredient principal.

Havien quedat al parc Catalunya i van agafar una barca i remaven divertits, metre s'explicaven el que farien a l'estiu, tots estaven emocionats. Cadascú va explicar el que faria a l'estiu:

—Jo aniré a Roses, com cada any.

—No et queixis, que la Costa Brava és una meravella —va dir la Paula al Pol.

—Doncs jo aniré a un creuer per les illes gregues, estic emocionada —va somriure la Jana.

—Doncs a mi no em fa tanta gràcia el creuer com a la meva germana, molts horaris i envoltats d'aigua —va rondinar l'Albert.

—Jo, illes Balears, els meus pares hi són adeptes —comenta la Paula il·lusionada—. Aquest any toca Eivissa.

—Atenció!!! —va avisar l'Arnau massa tard, ja que la barca de les Panteres Forever va xocar amb una altra barca i tots plegats van quedar ben mullats, els rems van caure a l'aigua, però el pitjor va ser la mirada de tots els que passejaven per el parc Catalunya, i alguna rialla va arribar fins a ells, mentre arribaven a rescatar-los els de l'embarcador.

Un cop a l'embarcador s'assecaven amb tovalloles a la porxada amb mirades divertides que ells van ignorar, posant-se al sol per assecar-se, mentre comentaven el xoc de les barques. Després van retornar a la conversa que mantenien quan van xocar les barques.

—Va, Arnau, tu no ens has explicat on vas de vacances —va dir la Jana amb curiositat.

—Doncs és el que més sort tindrà, aquest estiu viurà una autèntica aventura —va revelar l'Albert.

Tots se'l van mirar.

—On vas de vacances? —van voler saber.

—Doncs si ell no vol dir res, jo us ho explicaré —va dir amb determinació l'Albert—. Va amb els seus pares l'Àfrica.

—Que guai!! —van exclamar tots junts a una sola veu.

—Que callat t'ho tenies —li reclama el Pol.

—Ja sabeu, cada any faig una troballa arqueològica amb els meus pares.

—Ostres!!! És una gran aventura —va dir la Paula amb un xic d'enveja.

—Però diuen que fa molta calor —va certificar l'Albert.

—Això sí, és molt exòtic —afirma la Jana.

—No et fan por els animals de la selva? —van preguntar els seus companys.

L'Arnau, veient l'entusiasme que causaven les seves vacances en els seus amics, va somriure i va explicar:

—La veritat és que sí que estic força entusiasmat —va reconèixer—. Aquest cop anem a buscar una troballa arqueològica.

—Però això ho fas cada any, Arnau —va reconèixer la Paula.

—Sí, però aquest cop anem a trobar una relíquia màgica, el triangle de foc màgic.

—Vols dir que és màgica aquesta relíquia? —van preguntar els seus amics amb escepticisme.

—No ho sé, segons els meus pares sí —va riure una mica—, però per ells totes les troballes arqueològiques són màgiques.

Els comentaris no van parar entre les Panteres Forever mentre s'acabaven d'assecar per poder marxar cadascú a casa seva. Després de la conversa de les vacances, va sortir un altre tema força interesant per ells, tema profes... amb la promesa de tornar-se a veure després de l'estiu.

Quan l'Arnau va arribar a casa seva, es va posar a fer el que els seus pares li havien dit: va portar les mascotes a casa els avis, ja que marxaven en unes hores. Va agafar el Camelot, després d'acariciar-lo.

—Anem a casa els avis, ja saps que avui marxem —li digué al seu gos d'atura.

Mentrestant d'un vol el Fènix es va posar a la seva espatlla, un tucan que era ja entrat en anys que els seus pares van portar d'un dels seus viatges.

Com si fossin els tres mosqueters, tots tres van anar a casa dels avis, que estava just al final del carrer. Ells vivien en una comunitat de veïns i els avis en una petita casa anglesa. Van entrar per la porta del jardí, l'avi estava traient tot de coses d'un vell baül.

En veure el seu net se li va il·luminar la cara amb un somriure.

—Au va! Que avui marxeu al Senegal!

—Ja, avi, he vingut a portar el Camelot i el Fènix.

—Aquí estaran la mar de bé, tu només has de preocupar-te de passar-ho bé. Per cert, tinc una cosa per a tu —girant-se va intentar cercar novament entre tot el que havia tret del baül—. Renoi, si l'havia trobat!!!

—Què és, avi? —va preguntar l'Arnau amb curiositat.

—Mira, aquest barret era de quan jo feia de llop del bosc, vigilàvem el bosc i ens ho passàvem molt bé. Ara vull que sigui teu...

—És verd, el meu color preferit —va exclamar l'Arnau tot content. Quantes medalletes porta penjades.

—Les medalletes són de cada aventura viscuda com a llop, amb elles podràs començar a viure la teva aventura d'estiu.

—Saps, avi, m'agradaria ser un llop del bosc.

—Doncs, si vols, ja saps, forma la teva patrulla i a vigilar —li va
aconsellar l'avi.

—I tant que sí, avi, serà el primer que faré quan torni, que sàpigues que no me'l penso treure en tot el viatge.

—Home, per dormir i dutxar-te espero que sí, sinó ben aviat et quedaràs sense ell... —van riure tots dos, mentre s'abraçaven.

L'àvia va sortir a donar-li un petó i va acabar rient de les aventures que explicava l'avi al net, de quan feia de vigilant dels llops del bosc, on deixava anar gran imaginació, on no es podia saber quan s'acabava la realitat i començava la ficció, però l'àvia se'ls mirava i els dedicava un tendre somriure. El comiat es va anar allargant fins que finalment l'àvia el va acabar.

—Vinga, Arnau, marxa o els pares marxaran sense tu —explica l'àvia.

—Això sí que no!!! —exclama aquest tot marxant, mentre amb la mà els deia adeu.

L'Arnau va tornar content. Cada estiu amb els seus pares era una nova aventura. Ja n'havia viscut quatre, des dels set anys el portaven amb ells. Va recordar la primera quan van anar a la recerca d'un papir de la perduda biblioteca d'Alexandria i després una cada estiu: els manuscrits perduts de Hemingway, *La batalla d'Anghiari* de Leonardo da Vinci o els secrets de l'acer de Damasc, i només feia que imaginar com aniria aquell estiu, tot el que veuria. Alguns dels seus amics l'envejaven per la seva sort d'anar a aquests viatges, però ell sabia que en aquests viatges se sentia molt sol sense amics, ja que era un món d'adults en el que els seus pares el feien encaixar. Va deixar darrere aquest pensament, ja que va començar a riure tot sol recordant la peculiar comanda que li havia fet la Jana: volia que li portés un mico ben petit. També li va venir al cap la recomanació de l'Albert quan li va dir que anés amb compte amb els lleons, que no fos que se'l mengessin. En aquests pensaments estava quan els pares li van dir que enllestís la maleta personal on ell podia portar tot el que volgués. Al veure el barret que li havia regalat l'avi, van fer broma del barret.

—Aquest barret ve amb mi de viatge —va dir amb determinació.

—Així vindrà una part de l'aventurer del teu avi amb nosaltres —va comentar la seva mare.

ESCRIPTORA:

Si, joves lectors, voleu saber per què l'Arnau feia aquests exòtics viatges cada estiu, doncs us ho explico. Els pares de l'Arnau eren arqueòlegs i aventurers, per la qual cosa a l'estiu aprofitaven les vacances del seu fill per anar a cercar troballes arqueològiques.

Però aquest estiu tot canviarà... Si vols saber més, et toca llegir.

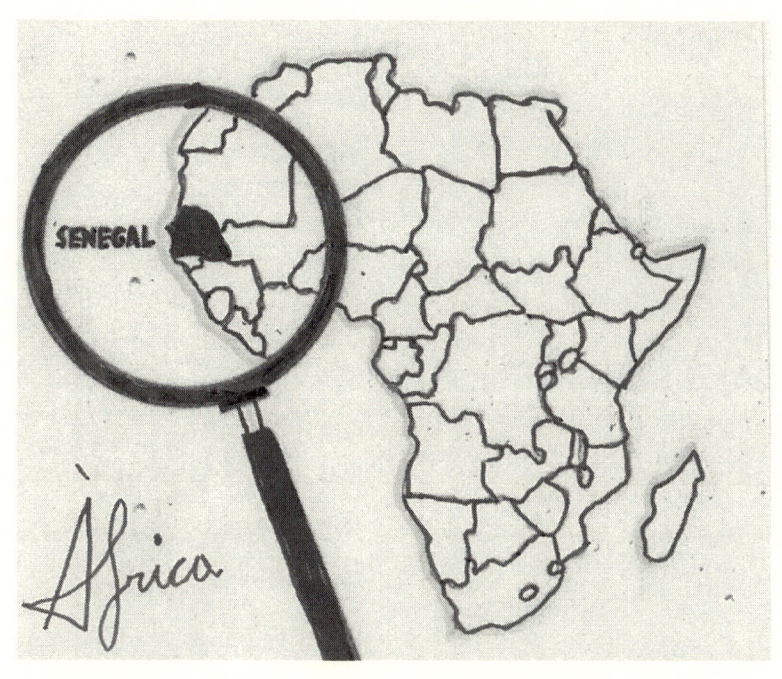

SENEGAL

Africa

17

Capítol 1. El viatge

El viatge va ser molt llarg, va començar amb una llarga espera a l'aeroport del Prat de Barcelona per un retard de l'avió. Va ser espera que esperaràs, una estona ben avorrida, per després arribar a Madrid, on van passar una nit de nervis esperant el vol que tenien de bon matí. L'emoció pel matí es va fondre amb les ganes de continuar dormint, cosa que va fer quan va pujar a l'avió, fins que la mare amb unes carícies i uns xiuxiueigs a l'orella el va despertar.

—Ja hem arribat a Dakar —va dir la mare fregant els seus rínxols rossos amb els del seu fill, al ser del mateix color es confonien els uns amb els altres.

L'Arnau va obrir i va tornar a tancar els ulls uns quants cops fins que els va obrir del tot.

—Tranquil, Arnau, el viatge ha estat llarg, però ja hem arribat —li va dir el seu pare.

—Ostres!!! —va exclamar l'Arnau—. M'he passat el viatge dormint.

—Sí, ets un dormilega —va confirmar el seu pare.

—Serà una de les aventures viscudes junts més maca de totes, ja veuràs com la recordarem per sempre més.

ESCRIPTORA:

Sí, jove lector, la mare se'n recordarà d'aquestes paraules quan el seu fill es veurà envoltat d'una inesperada màgia durant les vacances.

Al baixar de l'avió, el primer que va veure l'Arnau va ser gent amb vestits de colors cridaners, mercats i un trànsit boig pels carrers polsegosos, una escena que el va atrapar, però a la vegada volia escapar d'aquell soroll d'anar i venir amb tanta intensitat.

Ho va tenir fàcil per escapar d'aquell escenari de Dakar, ja que els esperava un taxi-brumissis (taxi compartit).

No hi cabia una maleta més. Dos nois es van presentar, eren infermers i havien anat al Senegal a treballar per una ONG, però l'Arnau de seguida es va fixar en l'altre passatger, que tenia un braç ortopèdic i una barba roja, també tenia un ull tapat com si d'un pirata es tractés i no deia res de res, estava callat i donava una mica de por; l'Arnau se sentia segur, ja que anava assegut entre els seus pares, però li hauria agradat tenir a les Panteres Forever amb ell.

El camí de terra era llarguíssim i ple de pols. Tenia molts sots, ja que les infraestructures eren molt dolentes. En un d'aquests sots unes maletes van caure al camí i es van obrir. Dues eren dels nois que de seguida es van posar a recollir-les, per la qual cosa l'Arnau va voler ajudar l'altre passatger que tenia el braç ortopèdic, pensant que necessitava més el seu ajut, però aquest, en veure que tocava les seves coses, que eren un munt d'aparells estranys, el va escridassar molt alterat en un idioma desconegut per ell, per la qual cosa els seus pares el van fer pujar al taxi.

—Aquest home que m'ha escridassat és ben estrany —es va queixar a la seva mare—. Sembla un pirata del nostre temps —li va xiuxiuejar a la seva mare a l'orella.

Ella va somriure i va posar un dit a la boca, indicant silenci. Després li va dir a l'orella fluixet:

—Després t'explicaré.

La resta del camí va ser un silenci total, tot i que l'estrany senyor els mirava amb fixació, però el cap de l'Arnau no deixava de pensar que aquell home era ben estrany. Se'l mirava de reüll, qui seria? Què li explicaria la seva mare?

Finalment van arribar al campament de Wassadou en una corba del riu Gambia. L'estrany home també s'allotjava en el campament. A l'entrada hi havia un llarg forn artesanal on feien el pa. Una nena avisava de l'arribada dels viatgers i, al veure l'Arnau, va somriure obertament mentre tocava una vella campana de llautó. Els nens no van intercanviar paraules, però sí un somriure infantil.

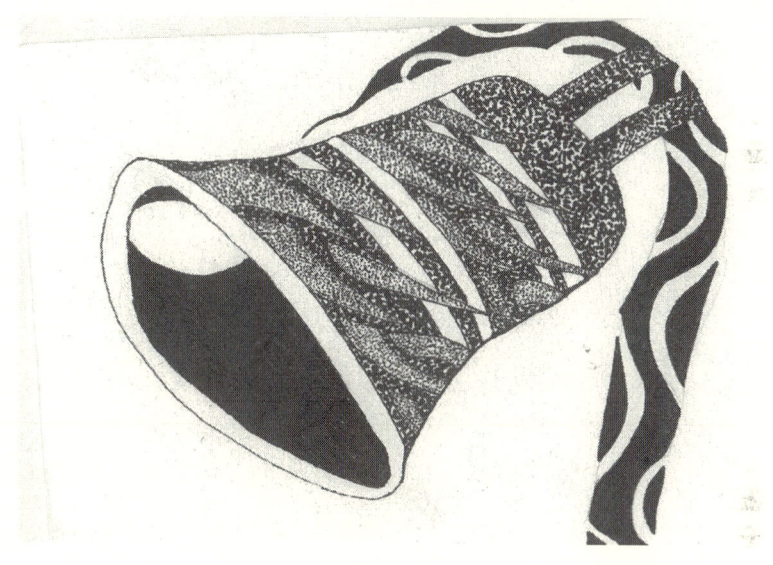

ESCRIPTORA:

Sí, joves lectors, aquest és el moment en què els nostres protagonistes es van conèixer, sense saber encara la gran aventura que viuran junts.

Quan ja va estar dintre del bungalou, el primer que va fer l'Arnau va ser preguntar el que li interessava molt a ell.

—Anirem al parc Niokolo-Koba. Està molt a la vora, diuen que hi ha ximpanzés, lleons, elefants...

—Sí, Arnau, però primer hem de fer la teva mare i jo les investigacions sobre el triangle de foc màgic pel territori d'ètnies minoritàries de Bèdik.

—Sí, ja ho sé, m'heu parlat molt del famós triangle de foc màgic —va expressar l'Arnau—. Per això, no us preocupeu, sabré esperar —els va fer l'ullet als seus pares.

—Per cert, mare, què volies dir de l'estrany passatger?

—Es diu Frank Von Friedrich, va venir com a professor convidat a la universitat quan el teu pare i jo estudiàvem. Ell va ser qui ens va parlar del triangle de foc màgic, per la qual cosa si es troba aquí és perquè busca el mateix que nosaltres.

—Llavors què farem? —va dir espantat l'Arnau.

—Preocupar-nos de ser cautelosos i no parlar a ningú del fet que hem vingut a buscar la relíquia —va avisar la mare.

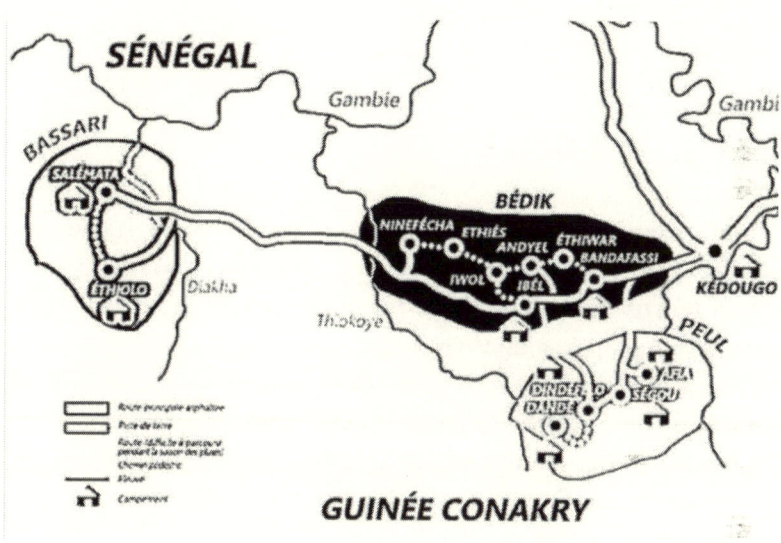

Capítol 2. El poblat

ESCRIPTORA:

Sí, joves lectors, el territori d'ètnies minoritàries de poblats que conservaven les seves tradicions mantingudes en el temps és on havien de fer la recerca de la relíquia que buscaven els pares de l'Arnau.

Segons deia la investigació del triangle de foc màgic, el marabú (bruixot) de la tribu l'havia amagat quan una altra tribu es va enemistar amb ells, perquè aquest no caigués en les seves mans fent el mal. Si et sembla interessant el que t'he explicat, continua llegint...

Cada detall del viatge estava perfectament estudiat, res podia fallar en la recerca que s'havien proposat. Tot eren noves emocions i grans expectatives de trobar el triangle de foc màgic, una troballa arqueològica que feia molts anys que es buscava arreu del món per molts arqueòlegs.

Pel territori de Bèdik l'artesania de fusta era molt visible, cosa que va agradar a tota la família, que van aprofitar per comprar figures tallades. L'endemà van tornar on tampoc van trobar respostes a la seva recerca, però van veure els griots (portadors de música) movent els malucs i batent les mans al ritme de la música. Cada grup ètnic té música i instruments propis. Aquestes troballes eren interesants, però ninguna resposta del triangle de foc màgic.

Per això, quan ja portaven tres dies de recerca sense resultats, l'Arnau estava una mica avorrit, per la qual cosa aquell dia va decidir quedar-se mirant els hipopòtams que es veien des del riu Gambia com treien el cap i els babuïns que voltaven per tot el campament Wassadou.

Tot i que no havien trobat la relíquia en aquests territoris tal com esperaven, els havien deixat entrar a les seves cabanyes de tova i els havien parlat dels sagrats baobabs, però no havien trobat ningun poblat que parlés de la relíquia que buscaven, ja que la gent que els podia dir alguna cosa sobre la relíquia era molt reservada i no havia dit res que els pares l'Arnau no sabessin ja. No volien explicar grans secrets als estranys que preguntaven pels seus ancestres.

—Anem a descansar, demà tindrem sort i algú parlarà del triangle de foc màgic, o trobarem una pista, tot i que sigui petita. Què voldràs fer, Arnau? Voldràs venir amb nosaltres o et quedaràs aquí?

L'Arnau va somriure amb picardia.

—M'hi quedaré si no us sap greu, crec que miraré pel voltant per veure si trobo coses interessants.

Capítol 3. La nena

ESCRIPTORA:

Sí, joves lectors. Just aquell dia l'Arnau està a punt de viure un dia molt especial juntament amb la Naomi, la nena que li va somriure el dia que van arribar al campament. Junts viuran una gran aventura que els canviarà la vida.

Aquell matí, els pares abans de marxar li van repetir vàries vegades a l'Arnau que no sortís del recinte del campament, ja que era perillós aventurar-se per aquells paratges tot sol.

Va baixar a acomiadar-se dels seus pares, per tot seguit donar una passejada pel campament i veure què descobria o quin animal veuria. En aquests pensaments estava, quan una veu el va treure dels seus plans.

—Vols jugar amb mi?

Un xic sorprès per la ràpida pregunta, l'Arnau es va girar i va veure d'on venia la veu. Va adonar-se que era la nena que els va rebre el primer dia tocant la campana de llautó, que el mirava amb els seus grans ulls color xocolata, com els d'ell, i el cap ple de trenes amb un somriure amistós.

—A què juguem, nena? —va fer una ràpida pregunta l'Arnau—. Tens nom? —va voler saber.

—Sí que tinc nom.

—Doncs digues —insta el nen.

—Naomi, i tu, que tens nom, nen? —va preguntar la nena mentre deixava anar un gran riure.

—Em dic Arnau, i a què juguem?? —torna a preguntar a la nena.

—Podem jugar a molts jocs, però potser t'agradaria venir amb mi a un lloc que de ben segur et sorprendrà??

—Ja em sorprèn veure com parles el català tan bé, qui t'ha ensenyat?

—El pare Miquel, és un missioner que ensenya la bíblia, a llegir i escriure a tots els qui volen aprendre, diu que soc una alumna espavilada, que aprenc ràpid.

—Dona'm uns minuts, Naomi, agafaré una motxilla.

—Doncs ràpid o me'n vaig sola —el va avisar sense contemplacions la nena.

L'Arnau ràpidament va entrar al bungalou, deixant la Naomi amb la boca oberta. Una cosa tenia clara l'Arnau: una cosa era sortir del campament i una altra, ser un imprudent que no agafés les coses bàsiques de supervivència. Va preparar una petita motxilla, tantes excursions amb els pares d'alguna cosa havien de servir. Ho va fer ràpidament per por que la Naomi marxés. Va agafar les coses bàsiques per una excursió: corda, aigua, unes barretes de cereals, llanterna, brúixola, navalla, quadern i llapis i una càmera fotogràfica. Com que la Naomi li va donar només uns minuts, es va donar molta pressa, i és que al món de la Naomi no cal agafar res per fer un passeig per aquells paratges, ni tan sols sabates. Per això no acabava d'entendre per què necessitava la motxilla el nen, potser la volia deixar ben plantada i això no li va agradar gens ni mica.

ESCRIPTORA:

Voleu saber quina sorpresa li espera al nostre amic Arnau? Per cert, l'estrany home de pèl roig i llengua alemanya els seguia amb la mirada i s'apropà als nens, ja que va decidir aquell dia seguir el fill en lloc dels pares a veure on el portaven els nens... Si vols saber més continua llegint.

—Ja soc aquí!!! —va esmentar content l'Arnau per com de ràpid que havia anat.

—Vinga, deixa la xarrameca.

—On anem? —va voler saber.

—Ja t'he dit que és sorpresa!!!! Saps el que és una sorpresa, noiet de ciutat? —interroga amb sarcasme la nena.

—Sí sé el que és —va afirmar l'Arnau sense saber si es divertiria gaire amb la nena, però va pensar que faria una activitat diferent, amb algú de la seva edat.

Estava en aquests pensaments quan la veu de la Naomi es va deixar sentir ben forta tot i ser una nena menudeta.

—Va, vens o no? No vull perdre més temps —va sentenciar.

Sense dir-se res més van començar a fer camí. L'Arnau la va seguir endinsar-se a la selva tropical de la reserva de Dindefelo. Tot i que estava il·lusionat en descobrir la sorpresa, no va pensar que feia alguna cosa prohibida, portava posat el barret que li havia regalat l'avi, per la qual cosa res podia passar-li.

El relleu era accidentat, en un país que pràcticament era pla. Acàcies espinoses i baobabs, tot això en una frondosa vegetació verda que impressionava per la seva extensió, per la qual cosa l'Arnau vigilava bé el que trepitjava i que podia fregar alguna branqueta o una inesperada aparició d'un animal.

—Quines presses que tens!!! Ni que anessis a apagar foc.

—Què dius de foc?

En veure que l'Arnau no deia res, va pensar li havia d'esclarir un detall al noi de ciutat.

—Mira, deixarem clar des d'aquest moment que jo soc la capitana de l'expedició. ENTESOS!!!! —li va cridar.

—D'acord, capitana —li va dir l'Arnau mentre se li escapava el riure.

—No riguis i camina sense parar, seguim els meus passos —va ordenar la Naomi.

L'Arnau es va adonar que l'estrany home de cabell i barba pèl-roigs els seguia, però no va voler alertar la capitana, per no espantar-la perdent la diversió i una aventura amb sorpresa.

Va fer el que li deia la Naomi, tot i que li costava aguantar-se el riure perquè la capitana no s'enfadés. Si les Panteres Forever el poguessin veure per un forat caurien de cul, sempre li deien que era molt prudent.

Tot era silenci, només se sentia el trepitjar dels peus dels nens. De tant en tant es deixava sentir la veu de la Naomi.

—Camina més de pressa —va cridar la nena.

L'Arnau apartava la vegetació al seu pas i tenia molt de compte, mentre retirava un rínxol del front, escoltava entre espantat i sorprès, ja que al lluny se sentien els animals en el seu ple hàbitat, deixant enrere el silenci que fins aquell moment els havia envoltat. Va seguir amb rapidesa el ritme de la capitana no fos que el tornés a escridassar, començava a estar cansat de caminar sense saber on anava.

Al final va veure uns arbres molt alts i frondosos. La capitana s'havia parat en front d'un d'ells.

—Són baobabs —va observar el nen.

—Sí, puja-hi —va ordenar la Naomi.

ESCRIPTORA:

Per cert, us explicaré què és un baobab. És un arbre que sol viure com a mínim 5.000 anys, que té una altura de 5 a 30 metres d'alçada i una copa d'uns 11 metres, ja te'l pots imaginar, jove lector.

—Que pugi??? —interroga l'Arnau, amb sorpresa per la inesperada petició.

—Sí, segueix-me —indica la nena, tota il·lusionada pel que estan a punt de veure, tenia ganes de mostrar-li al seu amic.

Va pujar com una daina, seguida per l'Arnau, que, tot i haver-hi trams que li van resultar difícils, no es va queixar. Quan van arribar a la copa, ella li va fer el signe de silenci i a poc a poc va apartar alguna fulla per obrir una petita finestra pel seu nou amic.

ESCRIPTORA:

Voleu saber què li està a punt d'ensenyar la Naomi a l'Arnau? Doncs continua llegint!!! No deixis de llegir i de seguida ho sabràs.

L'Arnau va mirar per on li deia la Naomi i va quedar fascinat!!!

La caminada havia valgut la pena al veure una família de ximpanzés tots junts compartint el menjar, vigilant cada fulla que es movia al seu voltant.

—Aquesta és la mare, mira com es cuida dels petits. Sempre es mouen, però solen venir a aquest indret a buscar menjar. Aquell és el mascle adult, només hi ha un per grup, és una llàstima que estiguin en perill d'extinció —explica la nena un xic afligida.

—Mira, aquell es menja un plàtan.

—Sí, és l'hora de l'àpat, per això t'he fet córrer, no fos cas que marxessin i no ho poguessis veure —el nen va somriure agraït.

El professor de braç ortopèdic amb el pegat a l'ull com si fos un pirata del nostre temps els havia seguit pensant que el portarien fins el triangle de foc màgic, però al veure que el que buscaven els nens era una família de ximpanzés, ells havien trobat el seu tresor que mereix tota la seva atenció. Però això no va agradar gaire a l'home de pèl roig, que els havia seguit, que va marxar renegant en el seu idioma.

L'Arnau, en veure aquella meravella, va obviar l'estrany home que els havia seguit. No podia deixar de mirar agraït la Naomi que havia compartit amb ell aquell secret-sorpresa.

—Mira, noiet, no perdis detall —va avisar la capitana.

—Puc fer fotos? —preguntà amb cautela l'Arnau.

—Tu mateix, però sense fer soroll o marxaran.

Va treure una petita càmera fotogràfica, va fer fotos a tot el grup, sobretot als més petits. Els van estar observant l'un al costat de l'altre en un silenci mut però emocionant, fins que la família va marxar. Llavors la Naomi sense dir res va baixar de l'arbre amb gran agilitat, l'Arnau la va seguir pensant en tornar ràpidament al campament abans que tornessin els seus pares.

ESCRIPTORA:

Però, joves lectors, la Naomi tenia altres plans. Quins seran???

Capítol 4. La cascada

La Naomi li va proposar retornar per un altre camí al seu nou amic d'aventura.

—Podríem tornar per les coves màgiques que hi ha al darrere de la cascada Dindefelo, que va a parar al llac dels Miralls —va explicar il·lusionada la Naomi.

—Caram, qui pot dir que no a una proposta tan encisadora com aquesta —va contestar l'Arnau amb un somriure, a la vegada que li preguntava a la nena—:Però continuaràs sent la capitana? —va voler saber l'Arnau.

—Això no és discutible, jo soc d'aquí i tu no.

El nen va assentir amb el cap sense dir res. Van començar a caminar, aquest cop a poc a poc, vigilant on posaven els peus a cada moment, ja que vorejaven un abisme del qual no es veia el final.

—Per què dius «coves màgiques»? Si no en veig ninguna —va voler saber amb curiositat.

—Antigament la gent de la tribu vivia en coves per les roques, però d'això fa molts anys, jo crec que ni la meva iaia havia nascut.

—I això del llac?

—Ets ben curiós, noiet Arnau, doncs quan arribem al llac ja ho veuràs per tu mateix.

Van continuar baixant fins arribar al llac que semblava un mirall amb la llum del sol sobre ell.

L'Arnau es va quedar bocabadat, sense paraules.

—Que t'agrada, noiet?

—Per què sempre em dius noiet? —va voler saber l'Arnau.

—Tu ets un noiet, o no?

—Sí, però em dic Arnau.

—D'acord, Arnau, què et sembla el que veus?

—És francament un paisatge que em deixa meravellat, estic sense paraules.

—Què et sembla si anem darrere del salt d'aigua? Hi ha un camí secret.

—Porta a algun lloc el camí secret? —la curiositat va poder amb ell, estava tot entusiasmat—. Com és que el coneixes?

Novament per uns segons va pensar en les Panteres Forever i com de bé que s'ho passarien aquí amb tants misteris i secrets per descobrir, però va sortir dels seus pensaments per escoltar el que li deia la Naomi.

—El meu germà, l'Alfredo, me'l va ensenyar. És un gran secret, només el coneixen els descendents de l'antic bruixot de la tribu i que siguin homes. Crec que un dels meus avantpassats va ser el nebot del bruixot. Aquest lloc és secret, no li pots dir a ningú.

—Tranquil·la, no ho diré a ningú. Que bé que el teu germà t'ho hagi ensenyat.

—Sí, vivim moltes aventures junts.

Van continuar caminant amb molta cura, mentre la Naomi no deixava de fer el borinot tota l'estona murmurant: «És un secret».

Vorejaven les roques de la paret que envoltava la cascada amb cura. Això podria ser molt interessant, tenia molta curiositat per saber què trobarien. Havien d'anar molt enganxats a la paret i vigilant on posaven els peus. Ella semblava que, tot i tenir cura, sabia perfectament on posar les mans i els peus.

—No miris al llac, Arnau —va avisar aquesta al seu company d'aventura.

—Per què?

—El resplendor del llac et deixaria cec per un instant i cauries d'una altura de 150 metres.

—Llavors millor evitar caure —assegurà amb por ell.

Va seguir a la nena trepitjant just tal i com ho feia ella, pensant que s'havia posat sense pensar-ho en un bon embolic.

Van arribar al darrere de la cascada. Tot era humit i hi havia una forta olor a aigua salada que el va descol·locar. Era fosc, només hi havia la llum de l'entrada i aquesta era tapada per la cascada.

L'Arnau, com bon aventurer, va treure la llanterna de la motxilla. A l'il·luminar l'interior de la cova, alguns dels animalons es van

moure i uns altres van volar. Van observar emocionats el salt d'aigua, però just en mig d'aquella emoció...

ESCRIPTORA:

Ara és important que no deixis la lectura, ja que està a punt de passar un esdeveniment molt important, que de segur no voldràs deixar per descobrir. Ànims, jove lector, que les emocions d'aquest llibre estan escrites especialment per a tu, perquè t'endinsis al món de la lectura de la mà de l'Arnau i de la Naomi...

Capítol 5. La cova

La capitana Naomi va fer una ensopegada, va donar un crit per com d'inesperat havia sigut. Això la va fer caure sobre una roca i aquesta es va moure per l'impacte, fent que la nena caigués en un forat fosc com la nit que estava amagat sota la roca. Amb la caiguda accidental de la Naomi, aquesta va anar forat a dintre fins ben avall. Tot va ser tan ràpid que l'Arnau la va veure com desapareixia sota els seus peus. Amb cautela va treure el cap pel forat. Llavors de seguida va reaccionar i ràpidament el noi va treure la corda que portava a la motxilla, alegrant-se d'haver-la agafat.

—Estàs bé, Naomi? —li va preguntar tot angoixat, per si s'havia fet mal.

—Sí, tranquil —va dir la nena tot i tenir molta por sense voler reconèixer-ho—. No m'he fet res.

—Ara et tiro una corda i et pujaré.

—No, baixa tu i no facis que t'ho repeteixi, noiet!! —exclama amb determinació la Naomi, que més semblava una ordre que una demanda.

ESCRIPTORA:

Si voleu saber per què la Naomi no vol pujar tot i tenir por i vol que baixi l'Arnau al forat on ella ha caigut, aquí intuïm una gran aventura. Tu continua llegint i et convido que siguis testimoni del que està a punt de passar dintre de la cova. Ni ells mateixos s'ho poden imaginar...

L'Arnau res va dir, va lligar la corda a una pedra grossa i ben forta i després a poc a poc va baixar forat avall. No sabia per què la Naomi no volia sortir-ne. A l'entrar en la foscor del forat, va adonar-se que era una cova i aquesta era bastant extensa, la qual es bifurcava en tres camins.

—Quina passada!!! —exclama l'Arnau, tot content.

—Veus per què volia que baixessis?

Va treure de la motxilla la llanterna i va il·luminar els diversos camins que s'obrien dins de la cova. Mirant-se, la Naomi va somriure al veure la llum i ell li va preguntar:

—Quin camí seguim? —interroga el nen.

—Sort que has agafat la teva motxilla, tenies raó al voler portar-la.

—Això és el que es diu kit de l'excursionista, veus per què et vaig fer esperar abans de començar l'excursió sorpresa?

—Jo mai agafo res de res —explica la Naomi—, però també és cert que mai no havia caigut a un forat, tot i que molts cops havia somiat que aquestes coves existien ben amagades.

—Doncs ja n'has trobat la primera, quin camí seguim? —va tornar a preguntar l'Arnau amb impaciència per explorar.

—No ho sé —va dubtar la nena, mirant els tres camins que es veien.

—Doncs, llavors, què et semblaria si agafem el del mig que sembla més ample que els altres?

—D'acord, però jo vaig al davant.

—Per què? Per què ets la capitana? —va preguntar entre rialles.

—No!!! —exclama la Naomi—. Si ho vols saber, és perquè jo soc més valenta que tu!!!

—I per què ho dius, això?

—Veuràs, xicotet de ciutat, tu has hagut de lluitar amb un lleó?

—No n'hi ha on jo visc.

—D'acord, el que dius és que no has lluitat amb ningú mai, ni has vist una estampida d'elefants, oi?

—Què és això que dius?

—Una manada d'elefants que corren i corren, sense mirar qui se'ls posa davant.

—Per això dius que tu ets més valenta? —pregunta entre una lleu rialla que se li escapava.

—Et fa riure que jo sigui més valenta? —va voler saber la nena.

—No!!! Ja que tu ho tens tan clar, passa al davant. Vols portar la llanterna?

La nena se'l va mirar analitzant la pregunta i la mirada, però de seguida va saber la resposta.

—Bona idea, dona-me-la —va ordenar amb veu de comandament.

És que la Naomi havia estat educada per lluitar per tot en la vida, qui no lluita res té en el seu món.

Van començar a caminar pel camí que d'entrada era ben alt i ample. La xarrameca dels dos nens i el valor van quedar en un silenci que només les petjades al terra trencaven. Van caminar i caminar, però el camí no tenia fi. Cada cop es feia més i més estret i baixet. Les teranyines no hi faltaven ni els vols dels ratpenats. Estaven cansats de caminar i un xic espantats, però sense admetre-ho entre ells.

—I si tornem al principi i seguim un altre camí? —interroga l'Arnau amb molta cautela.

—Sí, crec que serà el millor, jo mateixa ho anava a proposar.

Per tota resposta l'Arnau va somriure, va girar sobre si mateix a la vegada que amb la mà li cedia el pas al davant a la Naomi, que sense dubtar va començar a caminar fins arribar al centre de la cova on l'Arnau va treure aigua de la motxilla i li va oferir a la seva companya d'aventura. Ella va beure agraïda, oferint-li un somriure obert, per després beure l'aigua que li oferia, ell mentre li comentava:

—Quin camí agafem ara? —li pregunta l'Arnau. Aquest va agafar sobtadament sense dir-li la llanterna i va il·luminar els dos camins que quedaven.

—Jo agafaria el de l'esquerra.

—Però és molt estret —es va queixar la Naomi.

—Sí, però el d'abans era ample i s'ha fet estret. Jo seguiré per aquest camí i la meva llanterna vindrà amb mi.

Sense esperar la resposta de la Naomi, va començar a caminar. Ella el va seguir de mala gana.

—A veure què trobarem per aquest petit caminet, noi de ciutat.

La burla i la inquietud del que es trobarien va fer que l'Arnau li contestés amb sarcasme.

—Jo no he caçat lleons, però aquest caminet no em fa por!!!

—Molt bé, tu guanyes, noiet de ciutat. Mentre caminem si vols t'explicaré una llegenda de la tribu, què en dius? —interroga per si l'Arnau li interessava la seva proposta i així no pensar en la por que li recorria per tot el seu cos i, com això no ho volia reconèixer, preferia distreure's.

—Explica, explica va exclamar animat l'Arnau.

—Veuràs, el bruixot de la nostra tribu...

—Teniu bruixot? —va voler saber amb urgència l'Arnau tot estranyat.

—Sí!!! Però no m'interrompis —va avisar al nen, mentre seguia explicant—, l'antic bruixot, veuràs, una tribu enemiga de la nostra volia robar el triangle de foc màgic per fer el mal. Llavors el bruixot de la nostra tribu el va amagar darrere les cascades.

—Ostres!!!

—Què passa? —va voler saber amb urgència la Naomi tota estranyada.

—El triangle de foc màgic és el que estan buscant els meus pares!!!

El camí es va fer una mica més ample, però amb la xarrameca que portaven no se'n van adonar.

—No esperaràs trobar-lo, oi, noiet de ciutat? Ja que això és una antiquíssima llegenda de la tribu... —va tornar a ser interrompuda.

—Ostres!!!

—Què és? —al veure una paret enfront d'ells feta de fang, va callar en sec la Naomi.

—I ara què fem?

L'Arnau res va dir i, mentre il·luminava la paret amb la llanterna i anava tocant totes les pedres de fang, la Naomi se li va unir.

ESCRIPTORA:

Què penseu que buscaven l'Arnau i la Naomi tocant totes les pedres: un camí de sortida o la resposta d'aquella inesperada paret a la curiositat infantil? Continueu llegint i ben aviat sabreu a on dona aquesta paret i quin secret inesperat guarda al darrere...

Tocant totes les pedres a veure si una es movia, tots dos callats, la llanterna al terra il·luminava la paret. Ells tocaven una a una les pedres, tenien les mans brutes de fang, però res els feia parar.

—Això és com quan has d'aconseguir guanyar un partit de futbol —va expressar en veu alta la Naomi.

Sorprès l'Arnau, sense deixar de moure pedres, va dir:

—Tu jugues a futbol?

—Sí, és un joc divertit, competitiu i barat. La pilota es pot fer d'herbes, de pell d'animals o de vegades alguna regalada per algun turista. Tenim un camp que va fer el pare Miquel darrere l'escola-parròquia.

—Jo també jugo al futbol, potser un dia podríem fer un partidet —li va suggerir l'Arnau.

—Genial, prepara't perquè et guanyaré —va somriure mentre ajudava a moure les pedres.

—Això no ho crec, jo soc bo jugant al futbol i el meu equip aquest any ha quedat guanyador —li va fer l'ullet.

—Està per veure, gran golejador!!! Sí puc guanyar-te —assegura la nena.

—Algun dia seré com el Messi i jugaré al barça diu amb rotunditat a la Naomi.

—Tens molts somnis inassolibles —manifesta la Naomi, acostumada a les carències en les que estava habituada a viure.

Il·lusionats pel que trobarien, van deixar la xarrameca sobre el futbol i van continuar movent pedres. Un moment llarg de silenci i feina, fins a sentir el crit de l'Arnau:

—Mira, es mou!!! —va exclamar amb entusiasme.

—Però molt poquet —va dir la Naomi amb molta pena, pensant que no podrien treure la pedra.

Però veient la il·lusió i l'energia que desprenia l'Arnau, es va contagiar d'ella i es va posar de mans a la paret per continuar ajudant-lo.

Tot i ser més petita, li va donar un cop per indicar-li que la deixés; ell, sense dir res, li va cedir el lloc, es va ajupir, va rebuscar per la motxilla i va treure la navalla que portava, ja que va pensar que la necessitarien. Dit i fet.

—No puc, es mou però no la puc treure —va dir la Naomi pesarosa, demanant a l'Arnau una ajuda però no directament.

—No et preocupis, porta molts anys i no sortirà així com així. Passaré la navalla per la ranura per fer que el fang llisqui, a veure si aleshores la podem treure.

—Molt bona idea —esmenta la petita, que no deixava de prestar atenció al que feia l'Arnau.

Com que la pedra era grossa, van suar molt. L'estona passava i no aconseguien res, per la qual cosa van seure al terra cansats i amb les mans brutes de fang. Però sense que això els preocupés van menjar unes barres de cereals, ja que tenien un xic de gana i necessitaven un petit descans per recuperar les forces i després continuar amb la lluita de treure les pedres. Una hora després de tornar a la feina, la pedra es va començar a moure una mica quan aquesta va començar a sortir de la paret a poc a poc, amb un sospir d'alleujament per part dels nens. Els dos finalment van estirar amb força i la van deixar al terra. No van parar de treure pedres del voltant, tot i que tots dos suaven i estaven fent un gran esforç per la seva edat.

Finalment el forat va permetre que entressin a una espècie de rebedor, on a la paret hi havia una inscripció molt antiga. Els nens la van mirar, ràpidament l'Arnau es va girar i sortir fora, deixant molt sorpresa la Naomi.

—On vas? —només va poder dir això, ja que ell de seguida va tornar a entrar, movent la llanterna.

—Me l'havia deixat fora, la necessito per llegir l'escrit.

—Tu saps llegir aquestes lletres??? —exclama sorpresa—. Que sàpigues que no és català —el va avisar, sorpresa del fet que l'Arnau sabés llegir aquelles paraules-símbols tan antics de la seva tribu i ella no.

—Sí, és clar que sí. No serà fàcil, però ho faré. D'alguna cosa ha de servir tenir uns pares arqueòlegs, que et porten a voltar per tot el món buscant relíquies antigues i haver fet varis cursos de criptologia, que m'apassiona.

Ell va anar examinant cada símbol amb els dits, va anar apuntant tot el que hi veia a un quadern, per trobar el que volia dir cada símbol... sense pressa prenent el seu temps. La Naomi no deia res, però estava nerviosa per saber què hi deia i també gelosa de no saber llegir-ho ella. Li va oferir la botella d'aigua intentant ajudar dintre del caos que estava sent per ella aquella inesperada aventura.

ESCRIPTORA:

Voleu saber què diuen aquests símbols que estan just al davant d'una petita porta que no es mou? Llegiu sense parar perquè l'Arnau, després de pensar i pensar en tots els llibres d'escriptures antigues memoritzades, ja sap el que hi diu. No deixis de llegir perquè cada vegada està més i més emocionant... o no t'ho sembla, jove lector?

L'Arnau no deixava de fer gravats en el petit quadern, ho repassava i tornava a escriure. La Naomi se'l mirava tota nerviosa, però no volia dir res, no li volia treure la concentració, fins que l'Arnau va aixecar el cap i se la va mirar somrient.

—Ja sé el que diu —exclama l'Arnau, tot content.

—Doncs digues!!! —va cridar amb impaciència la Naomi.

—Qui de la lava no es cremi, l'aigua l'enfonsarà —va dir tot content l'Arnau.

—Això no té cap ni peus, no té cap sentit, noiet!!! —va dir de seguida la Naomi, per desmerèixer la feina.

Però, abans de dir res més ni pogués contestar, la petita porta es va obrir, per sorpresa dels dos nens.

—Què deies? —va dir l'Arnau a la Naomi, tot i que estava tan sorprès com ella.

—No deia res, no entenc res, vols que hi entrem? —va preguntar amb to suau poc habitual en ella fent quasi bé un pas enrere, però al veure l'Arnau tan decidit es va tornar a posar al seu costat.

—Això ni es pregunta, perquè una noia que caça lleons no té por, oi?

—És clar que no!! Vinga, entrem-hi.

Capítol 6. Triangle de foc màgic

L'Arnau va il·luminar una extensa i àmplia zona. No era massa bonica, les parets eren de roca i el terra era ple de carbó. Al mig de l'estància hi havia una gran pedra amb símbols antiquíssims que envoltaven una roca de foc i a sobre, el triangle de foc màgic que flotava com si fos foc. Això donava una il·luminació a tota l'estància. Del triangle sortia un arc de Sant Martí que ho envoltava tot.

Els dos nens es van mirar desconcertats, sense saber què fer. La Naomi va voler caminar endavant però l'Arnau no la va deixar, la va fer aturar.

—No!!! —exclamà—. El carbó crema, d'aquí allò de la lava en l'escriptura.

—Estàs segur? —va voler saber la Naomi.

—Sí, mira i veuràs el carbó vermell i un petit camí que no crema, el que està negre el seguirem.

—Molt bé, tu hi aniràs primer.

—Estàs segura? —va interrogar estranyat.

—Sí, és clar, tu tens la llanterna, no? —explicà per no dir que tenia força por.

Van començar el camí que anaven seguint, era estret, anaven un al darrere de l'altre per evitar la lava de sota el carbó. En aquell moment van veure un lleó que obria feroçment la seva boca ensenyant unes afilades dents. La Naomi s'agafà a la samarreta de l'Arnau.

—Ara què fem? —va xiuxiuejar la nena a l'orella del seu valent company.

—Tranquil·la, no és de veritat, és una il·lusió òptica.

—Estàs segur?

—Això sol passar a les pel·lícules d'Indiana Jones.

—Qui és Indiana Jones?

—Un personatge de cine.

—De què ens serveix aquest personatge? —va voler saber la nena i es va enganxar més a l'Arnau, ja que per ella el lleó era molt real.

—No et moguis del petit camí. La por et pot fer sortir d'ell i caure a l'abisme de lava.

—Com ho saps? —va preguntar.

—Ho sé perquè ho sé, no preguntis i fes el que et dic, si us plau —la nena va callar i va seguir caminant pel camí de carbó negre. Quan van començar a avançar dirigint-se al lleó, aquest va desaparèixer, tal com havia anticipat l'Arnau.

—Veus com tenia raó.

—Sí, ja veig que coneixies bé Indiana Jones.

Ell va riure suaument.

—No és el moment de rialles.

—No només conec les seves pel·lícules, també conec el món de l'arqueologia. Tot i que molts no s'ho creuen, aquest univers està envoltat de màgia.

Continuen avançant, de cop en front dels seus ulls apareixen uns goril·les gegants, que es donaven cops al pit i feien crits d'estar molt emprenyats.

—Espero que sigui una altra il·lusió de les teves —va expressar amb veu baixa la nena esperançada.

—Sí, tranquil·la, no ens faran res. Si avancem, ells desapareixeran.

—Doncs camina tu, que jo vaig al teu darrere.

—Sobretot mantingues la calma.

—Caram, i això com es pot fer en un moment com aquest? —es va queixar la nena.

Els goril·les van desaparèixer, per l'alleujament dels nostres aventurers.

De cop, una gran estampida d'animals de la selva avançava a gran velocitat, aixecant una gran pols: elefants, zebres, girafes....

—Ara què fem, anem endavant? —va preguntar la nena al seu company d'aventures en un murmuri ple de por.

—No, ara hem d'anar cap endarrere, sense sortir del camí.

—Noooooooooooo!!! —es va queixar la nena—. Si ja quasi bé arribàvem, serà una altra il·lusió òptica, com dius tu.

—Sí, però hem d'avançar a ells. Si tirem cap endavant serà com si escapéssim i ens hem d'enfrontar a ells sense por.

—D'acord, si tu ho dius, que has vist les pel·lícules de l'Indiana...

—Ves cap enrere ràpid —la va escridassar l'Arnau.

Aquesta va fer el que li deia el seu company d'aventura. Ben aviat van tornar a estar sols. Encara els seus cossos s'abraçaven temorosos quan van comprendre que no estaven sols. Havia durat poc temps la tranquil·litat, ja que les serps lliscaven per totes les parets i s'apropaven a ells.

—Deixa que ens atrapin, no tinguis por. Si no ens movem, res ens faran, i no cridis.

La nena es va tapar la boca per no cridar amb la mà mentre amb l'altra agafava amb força l'Arnau. Aquest li va tapar els ulls, mentrestant les serps es van enroscar pels seus peus i pujaven pels seus cossos menuts. A l'estar quiets, les serps van desaparèixer per art de màgia.

—Estem arribant, però tindrem molts més miratges.

—Ara no podem parar després de tot el que hem passat, caminem —va animar l'Arnau quan enfront d'ells es va obrir un cràter del que sortien les flames de foc.

ESCRIPTORA:

Ja has vist, jove lector, tot el que han superat els nostres protagonistes. Què opines, el cràter és un nou miratge o és real? Continuaran l'aventura o decidiran sortir-ne? Si ho vols saber, continua llegint.

—Què farem? —va dir la nena espantada però encara amb força per no reconèixer-ho.

—Deixa'm pensar i mirar —el cap del nen no parava de mirar al seu voltant, buscant la resposta.

—Digues —inquirí la nena amb angoixa.

—Mira, aquesta llarga teranyina ens pot servir —raona el nen amb força confiança per convèncer la nena—. Ens agafem a ella i estarem a l'altra banda del cràter.

—Estàs segur? —pregunta la nena amb dubtes—. Qui t'ho ha ensenyat, això?

L'Arnau se la va mirar seriós.

—Apressa el temps si no ens volem cremar al cràter.

—Ja ho sé, ho saps de les pel·lícules de l'Indiana Jones.

—Sí —contesta aquest amb impaciència.

—Llavors és un altre miratge.

—Som-hi!!! Agafa't fort a la meva esquena.

La nena va decidir fer el que li estava indicant l'Arnau. Si continuava preguntant quedaria en evidència que tenia por, això era molt cert, però també era molt valenta tal com li havia ensenyat el seu germà Alfredo.

Van agafar-se i en la llarga teranyina es van impulsar. Van anar a l'altre costat del cràter. S'havien enfrontat amb èxit al cràter i aquest havia desaparegut. L'aterrament no va ser de pel·lícula, ja que els dos es van donar una bona ensopegada al terra, però de seguida es van posar drets.

Anaven el més junts possible. En arribar al cercle de lava que cremava, un bruixot amb un gran calder els va sorprendre. Tot i que el seu aspecte imposava molt, els va somriure i els va deixar passar amb amabilitat.

—Ja podeu passar, el triangle de foc màgic us espera des de fa molt temps —mentre els va mullar les mans amb l'aigua de la vida.

—Qui és? —va voler saber el nen en veu baixa.

—Crec que és un antiquíssim bruixot de la nostra tribu —va callar, es van mirar els dos nens, es van agafar de la mà per sentir la seguretat d'un a l'altre i van fer un gran salt per deixar enrere el cercle de lava.

—I encara viu? —va interrogar l'Arnau.

—Crec que serà un dels teus miratges —explica en veu fluixeta la nena per després callar...

ESCRIPTORA:

No paris de llegir, has arribat al moment màgic dels grans canvis...

Els nens només es van mirar, sense cap paraula. Tots dos a la vegada van tocar el triangle que els va transportar en una espiral de foc, fent-los voltar per l'estança envoltats per un arc de Sant Martí brillant. Tots dos nens estaven al·lucinant mentre donaven voltes i més voltes.

—Estem volant! —va cridar la Naomi amb entusiasme.

—Sí, ja ho veig, volem!!! —va afirmar l'Arnau amb una forta exclamació.

Finalment la llum de l'arc de Sant Martí va fer que aterressin, deixant-los al damunt de la pedra on abans hi havia el triangle de foc màgic, però se'n van adonar que aquest havia desaparegut.

—Què ha passat?

—Hem volat —va dir l'Arnau.

—Això no por ser —rectifica la Naomi, una mica atordida.

—Jo diria que sí que ho hem fet, tot i que no sé com —va explicar el nen.

—A mi em passa el mateix, recordo unes llums brillants de colors.

—Sí, la veritat que no sé com ho hem fet, però m'agrada.

—Si ho poguéssim repetir un altre cop —va interrogar amb veu baixa al seu company.

—Sí, a mi també m'agradaria...

Capítol 7. Aigua

Però en aquell moment se'n van adonar del que estava passant al seu voltant i que ells havien ignorat, distrets pel que acabava de passar. L'aigua ho va començar a inundar tot ràpidament.

Entrava per les parets, sortia del terra, per l'entrada de la cova, l'aigua ho enfonsava tot i no deixava de pujar tot al seu pas. Els nens es van mirar espantats.

—Creus que és un altre miratge, com els d'abans? —pregunta la Naomi amb cautela.

—Ho sento, però aquest cop l'aigua és molt real.

—Com ho pots saber?

L'Arnau s'apropa la mà i la va mullar amb l'aigua que sortia de les parets.

—Veus, és aigua i molt real —explica el nen amb força pesar.

Els nens es van abraçar, no podien sortir, tot era ple d'aigua que entrava sense parar per tot arreu

Amb la mirada l'Arnau va buscar el bruixot que amb amabilitat els va deixar passar fins el triangle màgic que els va fer volar, però no hi havia rastre d'ell ni del triangle de foc màgic.

—Busques el bruixot? —interroga la nena espantada, però intentant mantenir la calma.

—Com ho saps? —pregunta el nen sorprès.

—Perquè t'he vist buscar amb la mirada igual que he fet jo mateixa —reconegué la petita, mentre admetia—: Hem de sortir —va exclamar la Naomi.

—Trigaríem a trobar la sortida i, si ho aconseguim, seria per trobar la cova i l'entrada inundada.

—Ho hem d'intentar —exclama la Naomi espantada.

A més, l'estança estava plena d'aigua, aquesta quasi bé ja els arribava als peus.

—L'entrada estic segur que ja està inundada, no podem fer-hi res, en pocs minuts ens ofegarem!!! —va dir pesarós a la nena.

—Tens raó, però no és just —es va queixar la nena—. No vull morir, encara tinc moltes coses a fer.

—Doncs tanquem els ulls i abracem-nos amb força per demanar un desig a qui vulguem —tot era una estratègia per fer que la Naomi no veiés que l'aigua estava pujant ràpidament i que aviat els ofegaria i que no parava de sortir.

ESCRIPTORA:

Els nostres protagonistes estan ben espantats... no veuen una sortida. Tu que estàs, jove lector, entregat en aquesta lectura, com creus que sortiran? Si ho vols saber continua la lectura i aviat ho sabràs.

—Desitja alguna cosa ben bonica —va dir l'Arnau.

—Ja ho faig —agafant forces la nena li va dir—: Tu també desitja un bon desig.

Gairebé tenien l'aigua pel coll, era qüestió de segons. «La inscripció de l'entrada ja ho deia: si la lava no t'atura t'enfonsarà l'aigua», va pensar.

—Tinc por reconeixia la nena.

—Jo també —va expressar l'Arnau amb gran certesa a la seva companya d'aventura inesperada—. Fes el que t'he dit, tanca els ulls i desitja alguna cosa amb molta força.

Ell va desitjar una cosa, ella va tancar els ulls i també ho va fer. Tots dos nens sense saber-ho van desitjar el mateix.

ESCRIPTORA:

Així que continua llegint. Dos vides s'uniran gràcies a la màgia del triangle de foc màgic, però diverses sorpreses et donaré que et deixaran ben bocabadat.

Capítol 8. Despertar d'un malson

Van obrir els ulls, com si acabessin de despertar-se d'un somni, just on s'havien trobat pel matí, però tots dos sabien que això no era veritat. Estaven mullats i molts espantats. Es van mirar als ulls amb un llarg silenci, finalment el va trencar l'Arnau.

—Estem vius —va dir tot content.

—Sí, jo vaig desitjar ser on havia començat la nostra aventura.

—Ostres, jo també —va exclamar l'Arnau molt alegre.

—T'adones que el nostre desig s'ha fet realitat?

—Sí, això em fa una mica de por —va dir l'Arnau.

—A mi també, com ha pogut passar?

—Alguna cosa màgica ha passat a la cova, està clar. No sé si és el triangle de foc màgic o una altra màgia.

—Vols dir que el triangle dels meus ancestres ens ha salvat?

—Crec que sí, però no sé com.

—Llavors tot és cert —va expressar la Naomi, sortint del seu estat de xoc—. Vull dir tot el que diuen les llegendes de la tribu.

Els nens estaven contents, però van pensar que si estiguessin secs seria més fàcil tornar a casa. Ho van pensar i es van trobar secs. Tots dos començaven a no entendre res de res, sentien por a allò desconegut.

—Jo me'n vaig a casa, els meus pares estaran preocupats —va dir l'Arnau a la Naomi. Aquesta res va dir, ja que va sortir corrents com una gasela ferida que un lleó estigués perseguint.

Aquesta escena que van protagonitzar els petits aventurers va ser vista pel cavaller de pèl roig, braç ortopèdic i un ull tapat estil pirata.

De seguida que l'Arnau va entrar al bungalou, els seus pares alhora van inquirir-li:

—Ens tenies preocupats, no sabíem on eres! On estaves? T'hem estat buscant!!! Què ha passat? Has sortit del campament?

ESCRIPTORA:

Sí, joves lectors, massa preguntes. El cap de l'Arnau no podia més, li donava voltes, de tantes preguntes de cop...

Què explicarà l'Arnau als seus pares? Continua la lectura si vols assabentar-te.

—Demà us ho explicaré, ara estic cansat i em fa mal el cap —va manifestar l'Arnau als seus pares.

—Vols una pastilla? —va oferir la mare angoixada i sorpresa per la determinació del seu fill al parlar.

De seguida es va quedar adormit, ningun malson el va pertorbar.

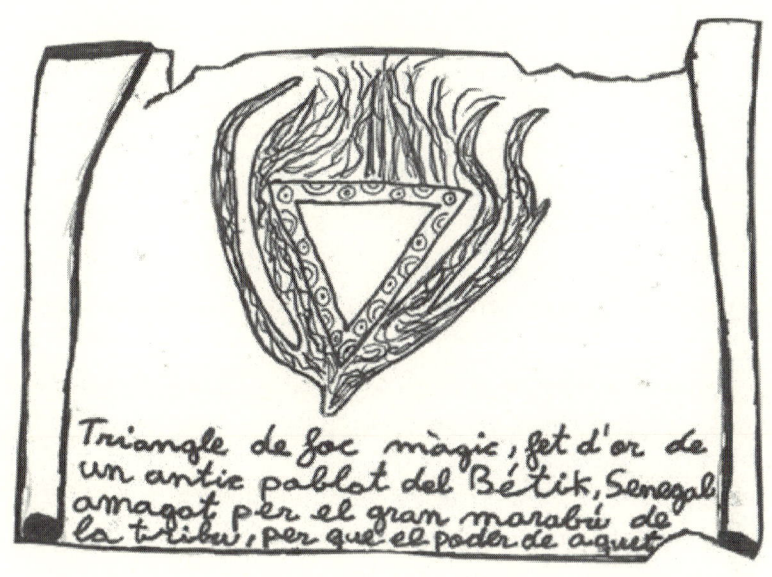

Triangle de foc màgic, fet d'or de
un antic pablat del Bétik, Senegal,
amagat per el gran marabú de
la tribu, per que el poder de aquet

Capítol 9. Realitat màgica

Al matí, quan els pares encara estaven dormint, se'n van anar a la dutxa. Aleshores va ser quan va descobrir un triangle, semblava que fos fet de flama. Al tocar-lo, l'Arnau va sentir una tènue escalfor, i unes petites espurnes blaves van sortir com per art de màgia. Sí, tenia molt clar que tot havia estat molt real. Allò que duia sobre el seu cor, com si fos un tatuatge de foc, era la confirmació per si en tenia cap dubte. Va pensar on podia trobar la Naomi i la veritat és que no ho sabia. Va sentir sorolls i va saber que els seus pares ja estaven desperts, havia arribat l'hora de parlar amb ells i no podia retardar-ho.

—Bon dia —es va atrevir a dir als seus pares mirant-los a la cara—. Em podríeu ensenyar una foto del triangle de foc màgic?

Els pares se'l van quedar mirant, mentre el pare buscava una foto entre els papers que hi havia a la taula.

—Ja no et fa mal el cap? —va interrogar la mare.

—No.

—Doncs potser ens vols explicar alguna cosa?

—Sí, però primer necessito veure la foto —va respondre.

La mare l'anava a increpar, quan el pare va estirar el braç i li passà la foto al seu fill, sense entendre a què venia tant interès per una relíquia de la que fins aquell moment no n'havia volgut saber gran cosa, tot i estar inclòs en la seva recerca i els havia sentit parlar llargament. Va mirar la fotografia i després als seus pares, els quals no entenien l'actitud del seu fill quan aquest va manifestar:

—Haig de parlar amb vosaltres.

—I tant que sí, jovenet —raonà la mare.

—És sobre el triangle de foc màgic...

ESCRIPTORA:

Què us penseu que diran els pares de l'Arnau quan els expliqui tot: que ell ha trobat el famós triangle de foc màgic per accident, mentre ells amb els seus plànols i temps estudiant l'antiga tribu del Senegal no havien aconseguit res? És el teu moment, jove lector, de continuar llegint. Si vols saber la reacció dels pare , ja saps què has de fer...

Els pares, asseguts al sofà, es van quedar ben blancs al sentir la histèria del seu fill.

—Tot va començar en la inesperada caiguda de la Naomi, on vam trobar la cova —sospirà.

—Continua —el va animar la mare.

—La cova tenia tres camins i primer en vam seguir un, que semblava que no tenia sortida. Vam agafar-ne un altre i al final hi havia una paret, de pedres de fang. Quan vam aconseguir treure-les, hi havia una inscripció de símbols antics, que em va costar desxifrar, però finalment ho vaig fer...

ESCRIPTORA:

Després d'escoltar tot el que ja sabeu, jove lector, va deixar bocabadats els seus pares. Continua llegint, ha arribat el moment de trobar l'esperada relíquia.

Però els pares de l'Arnau no ho podien creure. El que els acabava d'explicar el seu fill era impossible que hagués passat. Però abans que poguessin dir que no se'l creien, es va posar dret pensant que si ell no ho haguera viscut, ni ell mateix es creuria les seves pròpies paraules, i aixecant-se la samarreta els va ensenyar el triangle. Al tocar-lo van sortir les espurnes blaves com per art de màgia.

—Ara què me'n dieu? —va interrogar als seus pares.

La incredulitat del que veien i sentien era total, es van apropar al seu fill i li van tocar la pell on estava tatuat el triangle de foc.

—Et fa mal? —va voler saber la seva mare tota apesarada pel que estava passant.

—I la nena que deies que anava amb tu on és, on viu? —va interrogar el pare—. Li ha passat el mateix que a tu?

—Es diu Naomi i no sé on viu ni si li ha passat el mateix.

—Per què no sortim a donar un vol, a veure si la trobem?

—Sí, és clar que sí, però primer vull esmorzar, que em moro de gana, ahir no vaig sopar.

Al seure a la taula, ningú, ni el mateix Arnau, espera el que va passar. Es van quedar sense paraules al veure el que passava i perquè ho estaven veient, si no tampoc hagueren cregut que allò podia ser.

Doncs a l'estirar la mà per agafar la gerra de suc, aquesta va anar sola cap a ell i li va servir just la quantitat de suc que ell volia, com si la gerra li haguera llegit el pensament o bé ell tingués telepatia. Però això no va ser tot. El ganivet va fer el que ell volia tallar, va agafar la mantega i la melmelada, va farcir el panet que l'Arnau desitjava menjar-se, una mica atabalat, mentre els seus pares no sortien del seu ensurt.

—Què m'està passant? —va preguntar l'Arnau, espantat, als seus pares.

—Tens telepatia, el que desitges es fa realitat —va afirmar el seu pare.

—Hem de saber a què s'enfronta el nostre fill.

—Me'n vaig a veure si trobo la Naomi.

—Jo també vinc. Si em quedo, se'n menjaren els nervis.

—Doncs anem, agafaré les motxilles.

No acabava de pronunciar les paraules quan la motxilla estava a l'esquena de cadascun d'ells.

L'Arnau, sorprès i la mare, sense paraules. L'únic que començava a comprendre el que passava era el pare i així ho va dir:

—Penso que el nostre fill té els poders del triangle de foc màgic.

—Com pot ser? —va dir la mare—. Només era una relíquia.

El pare va agafar un llibre i en va llegir un paràgraf.

—Qui passi la lava i l'aigua no l'ofegui, per ell quedarà per sempre més el triangle i els seus poders, si justs els desitjos s'uneixen a la realitat, just el minut encerclat.

—Deu meu!!! —exclama la mare.

—Vols dir, pare, que ara jo soc el triangle de foc màgic?

—Tu i la Naomi, per què no l'anem a buscar al lloc on va passar tot? —va proposar el pare.

—Per què hi vols anar, pare? No em creus?

—I tant que sí, fill, però és per veure com ha quedat tot. Això has de comprendre que ha de ser un secret, ningú no ho pot saber.

—Per què? —va voler saber el nen.

—No et deixaran viure tranquil. A més, necessitem temps per veure quins poders tens i que tu aprenguis a dominar-los, no et poden dominar a tu.

La mare amb un lleu somriure:

—El teu pare té raó, sento de veritat que t'estigui passant això.

Aquest va abraçar a la seva mare.

—No et preocupis, mare. Ahir tenia por, però em fa il·lusió això dels poders, tot i que com diu el pare no sé quins són.

—Vinga, si esteu preparats, anirem a veure si trobem la Naomi.

Tots tres van sortir, disposats a trobar la nena, costés el que costés, però va ser més fàcil del que s'esperaven.

Capítol 10. On tot va començar

Al sortir del bungalou, de seguida van veure una nena asseguda en un tronc amb una mirada una mica preocupada. L'Arnau, al veure-la, va exclamar:

—És ella!! Mira-la, Naomi, Naomi! —apropant-se a la nena seguit dels seus pares, ningú no els va fer més cas del precís, ja que van ser unes exclamacions en alt que ningú va percebre, doncs tots continuaven la feina rutinària de cada dia. Només un alemany de pèl roig sí que el va escoltar...

Poques paraules li van caldre al misteriós personatge per saber que parlaven del triangle de foc màgic.

ESCRIPTORA:

Un secret, lectors, i és que l'alemany també era arqueòleg i havia vingut al Senegal a la seva recerca. Cada vegada amb més emoció. Quines intencions té l'antic professor? Aquesta emoció continua juntament als misteris. Ja saps el que has de fer si vols saber com continua aquesta aventura.

—Naomi, els meus pares volen anar a on vam trobar el triangle, ens hi acompanyes?

—Sí, però primer vull parlar amb tu —va dir la Naomi, tota amoïnada i esporuguida.

—T'han passat coses estranyes a tu també? —interroga el nen.

—Sí —va afirmar amb un murmuri, mentre es va tocar el cor.

—També tens un triangle de foc màgic al cor?

Aquesta va assentir amb el cap, amb molt de cura. Els nens es van posar a caminar, seguits dels pares de l'Arnau i van pujar al 4x4. Aquest cop no hi anirien caminant. Una mica més lluny però sense perdre la pista els seguia l'estrany professor alemany, amb un altre 4x4.

L'excursió era molt llarga i perillosa, però aquest cop un tram del camí el van fer en cotxe. Vorejaven tot el penya-segat que donava a les cataractes Dindefelo, les aigües de les quals donaven al llac dels Miralls.

Van deixar el cotxe, continuant el camí a peu.

—Caram, això és molt més perillós que les nostres excursions! —va exclamar la mare.

—El que no entenc és que sempre havia pensat i estudiat que el triangle de foc màgic era una relíquia d'una tribu antiga dels països de Bèdik.

—Però durant molts anys les tribus van viure en coves en d'aquestes roques, que envolten les cataractes Dindefelo

—va explicar la Naomi als pares de l'Arnau.

—Potser per això ahir ens seguia? —reflexiona el nen.

—Podria ser que ell tingués més informació que nosaltres. Això de les coves de la tribu de l'ètnia Bèdik és la primera vegada que ho sento. Von Friedrich viu i respira pel triangle de foc màgic —explica el pare.

Va intervenir la mare ràpidament.

—Per això, hem de tenir molta cura que no esbrini el que ha passat. La Naomi i tu estaríeu en perill.

Tots dos nens van assentir una mica espantats amb el cap.

—Sembla que ens segueix —va dir als seus pares.

Silenci...

Van sentir caure tot de pedres a l'abisme, tots quatre van quedar ben parats i quiets. Seguidament unes paraules no gaire agradables amb un to fort en alemany els van confirmar que el professor Frank Von Friedrich els seguia i s'apropava a ells.

—Tranquils, per aquí venen molts excursionistes, per arribar al llac dels Miralls, però si venen sense guia han de deixar l'excursió a mitges. Han de saber molt bé el camí i aquest és incert, no és una ruta a seguir per un mapa —explica la Naomi amb gran certesa.

Van continuar el camí més tranquils, però la Naomi va agafar la mà de la mare de l'Arnau i aquest la del seu pare. No se'n van adonar fins que van arribar, que havien anat a una alta velocitat i sense posar els peus a les roques, pràcticament havien volat al voltant del penya-segat. Els nens en un acte de rebel·lia infantil van desitjar que el professor no els atrapés i així va passar, el van deixar ben al darrere. Renegava incoherència de com havien pogut córrer tant si quasi bé els tenia al davant, incomprensible, cridava en el seu idioma. Tots quatre estaven encara una mica atordits pel que havia passat.

A veure el llac dels Miralls, tots dos pares van exclamar de cop:

—És un paisatge molt maco!!! —exclama el pare.

—És un lloc d'una bellesa que no hi ha paraules per poder-lo descriure —explica la mare de l'Arnau, mentre es lamentava—: I nosaltres tots els dies fent excursions pels poblats del país Bèdik, tan lluny d'on estava el triangle de foc màgic.

—Però també hem conegut les tradicions mantingudes —va expressar el pare—. Encara teniu bruixots? —va preguntar a la Naomi.

Sí, encara el tenim —va confirmar la Naomi—. Diuen avantpassats meus que el bruixot que va amagar aquí el triangle ho va fer

perquè no caigués en males mans, d'un tribu enemistada.

—Ara m'ho explico tot —va comentar el pare.

—Ha sigut un secret només transmès al descendents del bruixot. Jo no ho hauria de saber, però el meu germà Alfredo m'ho va explicar.

Els dos nens no van poder deixar de riure... tot i que encara estaven assimilant les coses estranyes que els hi passaven en veure com de sorpresos que estaven els pares de l'Arnau.

Finalment van anar fins darrere de les cataractes, seguint les indicacions de la Naomi...

Al darrere, tot estava inundat d'aigua. No s'hi veia res especial, a part de ser un lloc humit per l'aigua que ho envoltava tot. Sentien com per tot arreu queia sense parar l'aigua.

—És aigua salada, ve del mar, per alguna cova subterrània —va dir el pare.

Llavors tots es van fixar en el fet que sobre l'aigua hi havia un arc de Sant Martí dibuixat. Aquest de cop va prendre forma d'esser humà, solament la forma, i una veu greu es va deixar sentir.

—Jo soc l'esperit del triangle de foc màgic. L'havia de cuidar fins a trobar uns sers amb l'essència de la innocència i del valor per sobreviure a la gran protecció, que poguessin donar-li un destí ple de valors positius als poders atorgats. Per això heu sigut triats pels ancestres de l'antiquíssima tribu d'aquest petit poble. És que aquests poders en males mans podrien fer molt de mal. Aquests poders atorgats, heu d'aprendre a fer-los servir a poc a poc, se us dirà com...

La forma humana d'arc de Sant Martí va alçar les mans i aleshores els triangles dels dos nens van volar fins elles i els va mantenir a l'aire.

—Triangles, doneu a aquests sers el poder per seguir el camí, traçat pels nostres avantpassats.

Els triangles van tornar cadascun al cor de cada nen. L'esperit va desaparèixer tal com havia aparegut.

—Com aprendrem a fer servir els nostres poders? —l'Arnau interroga al seu pare, que tot ho sabia sempre.

—No sabria dir-te, però mirarem amb deteniment tot el que tenim del triangle de foc màgic a veure si trobem respostes.

Després de la resposta del pare, tots varen quedar en silenci.

Feien el retorn ràpid i amb cura, sense adonar-se que un home havia caigut de cul entre les roques i encara continuava dient paraules en el seu idioma, que havia arribat tard, havien trobat els seus exalumnes el seu tresor més preat: el triangle de foc màgic. No podia ser, havia passat tota la seva vida buscant-lo.

ESCRIPTORA:

Una cosa tenien molt clara, joves lectors, els pares de l'Arnau, i era que havien de marxar a casa i protegir el seu fill de tota aquella màgia que per accident havia rebut. Si algú sabés alguna cosa de tot això, només voldrien investigar i fer-lo servir de conillet d'índies. Per això havien de recomençar les seves vides, però en aquests plans hauran d'incloure una petita sorpresa d'últim moment. Si vols saber-ne més, continua llegint!!!

Capítol 11. Parc Niokolo-Koba

Pel matí tot eren presses per recollir-ho tot del bungalou i gestionar el viatge de retorn abans del que estava previst. Realment el pares com a arqueòlegs havien sentit moltes històries d'esperits, però veure amb els seus propis ulls com el seu fill d'una forma fortuïta s'havia vist vinculat als esperits de la seva recerca arqueològica. Van sentir por. Seria capaç el seu fill de viure amb tots els poders atorgats pel triangle de foc màgic? Podria seguir sent senzillament un nen més? Aquestes preguntes es feia la mare quan la veu del seu fill els va treure dels seus pensaments...

—Vaig a donar una volta amb la Naomi, em vol ensenyar els elefants i girafes abans que marxi.

—D'acord, però no vagis gaire lluny —va avisar la mare.

Els pares es van mirar amb preocupació, però sabien que el que els estava demanant el seu fill era ben lògic, no li podien pas negar.

—No triguis, que el taxi-brumissis sortirà a primera hora. Hem tingut la sort que tenia quatre places lliures i, si el perdem, haurem d'estar tres dies més i no volem que ningú descobreixi el que no ha de saber —van explicar els pares una mica afligits, però a la vegada entenien que el seu fill no volgués marxar fins veure el parc Nicolo-Kobo.

Assentint amb el cap, va marxar corrent. La Naomi l'esperava a dalt d'un vell tot terreny, al volant del qual hi havia un noi que el va presentar com el seu amic Adoli, el qual va fer una ruta tal com la Naomi li havia dit perquè el seu amic que marxava avui pogués veure la fauna que envoltava el lloc on ella vivia.

Volia que tingués un record meravellós perquè mai pogués oblidar les vacances viscudes junts. Per això tots dos van mirar aquells animals, fent fotografies l'Arnau sense parar. Primer van veure les girafes.

—Mira les girafes! —exclama aquesta al seu amic.

—Ostres, mira, Naomi, els hipopòtams enfangats en aquell estanc de fang i aigua.

Tots dos nens, emocionats, els feien fotos.

Entre la vegetació, miraven els animals amb forta il·lusió.

—En vols fer una? —li va oferir a la Naomi, i aquesta va assentir amb el cap il·lusionada.

—Has de mirar per l'objectiu i, quan veus el que vols retratar, li donés a aquest botó.

—Així de fàcil —es va sorprendre la nena.

El cotxe va continuar el safari. Van veure gaseles, zebres i, com no, els majestuosos elefants.

—I els lleons? —va voler saber l'Arnau.

—Surten de matinada, que és quan nosaltres sortim de cacera, però dormen unes vint hores al dia. De dia és difícil veure'ls. De vegades pots sentir el rugir, però això no vol dir que estiguin al teu costat, ja que se sent des de kilòmetres tot —li va explicar l'Adoli, que feia de guia per als turistes, però sense poder controlar el seu pensament l'Arnau va desitjar poder veure els lleons desperts i jugar amb els cadells.

ESCRIPTORA:

Dit i fet, joves lectors, no va poder acabar de pensar-ho, voleu saber què va passar? Doncs de seguida ho sabreu, perquè a partir d'aquest moment tot seran sorpreses. No deixis de llegir, les emocions no tenen fi.

Es van trobar just davant del jeep una manada de lleons, lleones i cadells juganers, tots ells ben desperts. Semblava que els agradava la visita dels intrusos, ja que ells van seguir fent la seva, ignorant la presència, sobretot els crits de l'Adoli, que espantat va marxar corrent al veure que no arrancava el contacte del vehicle.

—Això no pot ser!!! —exclama tot espantat—. És cosa de bruixes i bruixots, correu, nois, marxeu, correu!!! —cridava i cridava, corria més de pressa que el vent, sense mirar al darrere per por.

Els nens, que sabien el que havia passat, gaudien tocant els lleons com si fossin gossos i fent fotos dels cadells amb ells juntament amb els seus pares. S'ho estaven passant d'allò més bé, jugant amb els cadells com si fossin peluixos i els grans animals com si fossin domèstics que es deixaven acariciar sense enfadar-se. Però sabien que els poders els havien de saber dominar, però com es podien ensenyar, si els poders havien arribat sense previ avís, ni llibre d'instruccions? Doncs si no aprenien, un dia podien fallar per manca d'experiència. Mentre ells s'ho passaven bé, el pobre Adoli encara corria.

Capítol 12. Naomi

Mentre els nens vivien aquesta interessant però inesperada aventura, a unes cadires de fusta de cara al riu Gambia en el mateix campament, que els conferia aïllament e intimitat per la conversa que havien iniciat, el pare Miquel, missioner per les regions més inhòspites del Senegal, s'havia brindat ajudar la Dominic, la mare de la Naomi, amb els pares de l'Arnau.

Els pares de l'Arnau es van quedar sorpresos al veure que volien parlar amb ells, una dona parlant un idioma en un dialecte natiu amb el pare Miquel i que els feia signes de súplica, tota ella estava molt alterada!!! El missioner va començar a parlar en català, tot i que els pares de l'Arnau entenien bastant bé l'idioma natiu wòlof. Sabien que fos el que fos era greu.

—Hem de parlar de la Naomi —va explicar el pare Miquel en català pensant que així ells podrien entendre millor la urgència que els hi volia explicar.

Els pares del nen van assentir sense saber què era el que passava.

—Tranquils, em dic Miquel i soc missioner. Aquesta és la Dominic, la mare de la Naomi —va explicar tot el que passava i que volia que se l'emportessin amb ells.

Tots dos a la vegada:

—Què!!! —van exclamar incrèduls.

—Si algú veu el triangle de foc màgic que té la Naomi, la prendran per bruixa i la cremaran, heu d'ajudar-la.

—Però com pot ser? —pregunta el pare.

—Són els costums d'aquí.

—Vostè no els pot ajudar, amb tot això?

—No, com vol que entenguin que la Naomi té poders, però no són dolents per ells? Si la meitat són analfabets i creuen en la màgia negra, no escoltarien a ningú. L'única salvació per a la Naomi sou vosaltres, no seria una adopció sinó un acolliment per estudis —no deixava el missioner de buscar punts positius per convèncer els pares de l'Arnau—. La Naomi és una nena molt intel·ligent que parla el català amb fluïdesa.

—Sí, ho podem entendre, però així de cop, entengui que estem sobtats —explica el Pere pare de l'Arnau, mentre s'apartava els cabells negres del front i és que començava a suar, molts ensurts en poques hores que costaven d'assimilar.

—Però la Naomi no té temps!!! —exclama el missioner suplicant.

Mentrestant seguien els gestos de súplica de la Dominic, que els demanava comprensió, ja que ella no parlava el català.

En tot això van arribar els nens, encara sorpresos per tot el que havien viscut i com màgicament s'havien salvat, segons l'Adoli. Però més es van sorprendre quan van veure a la vora del riu el pare Miquel, la Dominic, la mare de la Naomi, i els pares de l'Arnau. Una reunió ben estranya, per això s'hi van apropar.

—Mama, que hi fas tu aquí?

Aquesta va contestar en el seu idioma. A la Naomi no li va agradar el que va escoltar, ja que va negar amb el cap vàries vegades i a la vegada ho va fer cridant.

—No, no, no, no pot ser!!! —va dir la Naomi en català.

L'Arnau estava perdut, no sabia què passava. El missioner es va apropar a l'alterada Naomi per tranquil·litzar-la.

—És el que millor pot fer la teva mare per tu, petita Naomi.

—No, jo no vull marxar del meu poble, de la terra on he nascut, no i mil vegades no.

La Dominic la va abraçar donant-li un petó al front.

—T'estimo, petita Naomi, i és per això que t'allunyo de mi —li va dir la mare, en el seu idioma, deixant caure als peus un mocador que duia a les mans lligat amb les coses de la nena. Va sortir corrent, aquesta la va voler seguir però entre el pare de l'Arnau i el missioner ho van impedir.

ESCRIPTORA:

Què us sembla, doncs? Finalment la Naomi marxarà amb l'Arnau i els seus pares? O s'oposarà a aquest viatge que l'allunya de tot el que coneix? Què en penseu, espavilats lectors? Jo, per si voleu saber què va decidir la Naomi, no deixaria de llegir, perquè mentre parlaven, a l'interior del bungalou alguna cosa havia passat. Ho voleu saber?

Tot el bungalou on s'allotjaven l'Arnau i els seus pares, l'havien regirat, havien desfet les maletes, tot estava per terra, tots es van quedar sense parla!!!

El pare Miquel va explicar:

—Abans he vist un home de barba pèl-roja i amb un ull tapat, que donava diners a uns natius, que tenen la reputació de deixar-se subornar.

Els pares de seguida van entendre qui els seguia les petjades. Era el professor Von Friedrich i se l'havien de treure de sobre, per salvar els nens i el seu secret del poder. De cap manera ho podia descobrir. Per això van pactar amb el pare Miquel: ells s'emportarien la Naomi i ell faria arribar a l'home de l'ull tapat un mapa fals a través del natius que es deixaven subornar, per donar-los temps de marxar.

—Tranquils, compteu amb mi, faré tot el que m'heu dit. Apartaré aquest home perquè podeu escapar.

—Si ens trobés, ell seria un perill pels nens.

El pare Miquel va acceptar i es van donar la mà, desitjant-se sort mútua. Tot i així el missioner abans de marxar va girar el cap i amb una veu fluixa va demanar:

—Tingueu cura d'ella, aquí és normal que les criatures desapareguin una temporada o per sempre, la família res dirà —va marxar sense dir res més.

Un cop empaquetat novament tot, van pujar al taxi-brumissis. Anava com quan van arribar al campament, ple i no hi cabia ninguna maleta més. Les llàgrimes de la Naomi, ningú les podia aturar, ni l'abraçada de l'Emma, la mare de l'Arnau, ni que aquest li donés la mà intercalant els seus dits amb ell. La Naomi entre llàgrimes va dir-se a si mateixa.

—Quan sigui gran, tornaré a casa meva!!! —va ser com una promesa per si mateixa però que, al fer-la en veu alta, en van ser testimonis tots els seus acompanyants.

—Aleshores ningú no t'ho impedirà —sentencia el Pere, el pare de l'Arnau, amb un visible dolor per tot el que estava passant.

Durant el viatge, les queixes de la Naomi es van convertir en una cosa de normalitat, davant de tot el que era nou.

—Per què haig de posar-me bambes? Jo sempre he tingut els meus peus en llibertat, anava descalça.

—Ja hem parlat d'això, Naomi. On anem ningú va descalç—explica novament amb tota la paciència possible l'Emma.

L'Arnau primer va intentar consolar-la, després es va trasbalsar amb les seves queixes. Els pares només intentaven que tot anés bé, però ell pensava que a cada moment que passava tot empitjorava, per això va haver de preguntar.

—Ara la Naomi serà la meva germana?

Abans que ningú pogués contestar, ho va fer la Naomi.

—Mai serem germans, tu i jo no tenim la mateixa sang!!! —exclamà aquesta indignada.

Finalment quan va callar, la mare de l'Arnau li va explicar al seu fill:

—Sé que ara tot et sembla estrany, però tal com ha dit la Naomi no sereu germans. Nosaltres serem la seva família d'acollida, intentarem ajudar-la a créixer, que estigui protegida, però sobretot estimada.

Les rebequeries de la Naomi no van parar fins que l'avió es va enlairar i ella, ben recolzada al vidre, mirava com tot el que coneixia s'anava fent petit fins que no es va veure res. L'Arnau li va agafar la mà novament amb força.

—Compta amb mi per tot, Naomi —li digué amb veu tènue. Ella se'l mirà per darrere de les llàgrimes.

El viatge va ser llarg. L'Arnau no sabia com consolar la Naomi. El seu pare li va explicar:

—Els temps tot ho posa al seu lloc.

—Quan comenci l'escola veuràs com tot canviarà —li va assegurar la mare, però el que no sabia encara l'Arnau era que ell canviaria de vida, que tindria secrets amb els seus amics de tota la seva vida, i és que les seves vides començaven una nova història. En aquesta nova etapa molts canvis haurà d'assumir el nen, a la vegada d'intentar ajudar una nena que no es deixava, que era força negativa i li prenia part de l'atenció dels seus pares, que fins aquest moment havien sigut exclusivament d'ell.

ESCRIPTORA:

Si voleu veure com tots aprenen a viure aquesta nova vida, plena de novetats per a tots, continueu llegint...

Voleu saber què està fent el professor Frank Von Friedrich? Doncs el pare Miquel el va enviar fins Sudàfrica amb pistes falses, per donar temps a la família a escapar.

Capítol 13. Arribada

Els avis els van rebre amb els braços oberts.

—Avis, os presento la Naomi. No és la meva germana, però serà de la família.

—Benvinguda, petita —li va dir l'avi, a ell s'hi va unir l'àvia.

—A partir d'aquest moment, nosaltres serem els teus avis.

La Naomi se'ls va mirar amb els seus petits ulls foscos, de color de la xocolata.

—D'acord, si voleu —va dir la nena sense gran interès pel que se li deia.

—Veig, Arnau, que encara portes gorra el barret de patrullar els llops.

—Sí, avi, i amb tot el que ha passat, aquí està gorra el barret i no ha perdut cap medalla.

Des que va deixar el Senegal, la Naomi no havia rigut gens, no havia parat de treure's les sabates, i és que estava acostumada a anar descalça. Finalment va somriure i jugar amb el Camelot i el Fènix, les mascotes de l'Arnau.

—Ostres, i qui són aquests? .Un tan pelut i l'altre de plomes exòtiques.

—Són el Camelot, el meu gos d'atura estimat, i el Fènix, que és un tucà que van portar els pares d'un dels seus viatges —tots quatre van sortir al jardí mentre els grans es van posar al dia de tot el que havia passat amb la troballa que tant buscaven. Els avis es van posar les mans al cap al saber el que havia passat.

—Llavors l'Arnau i la nena tenen el triangle tatuat al cor amb foc? —va preguntar l'àvia consternada.

—Sí, mare, estem vivint un autèntic malson.

—I per posar-hi més emoció, el professor Von Friedrich ens segueix els passos —assegura el Pere als seus sogres.

—Aquell que està més boig que vosaltres i també cerca el triangle de foc màgic —va exclamar enfadat l'avi.

—Ja et deia jo que no estava bé emportar-te el nen a una recerca tan perillosa —va recordar l'àvia compungida.

—No, mare, no era en principi una recerca perillosa —es defensa la mare dolguda.

—Nosaltres ens hem quedat de pedra en veure el que ha passat —va defendre el Pere a la seva dona, en front els seus sogres.

—Haurem de saber quins poders tenen i si duran per sempre —explica l'avi afligit pel que li passava al seu net.

Mentrestant al jardí els nostres amics també es feien confidències.

Van començar a riure i jugar, però en acabar el joc van començar a parlar.

—No sé si sabré estar en el teu món —li va dir la Naomi amb tristesa, mentre el Camelot s'havia sentat al costat dels seus peus.

—Per què? —va voler saber el nen, que des que havien deixat el Senegal veia trista a la Naomi.

—He deixat la meva família.

—Ara som nosaltres la teva família —li va explicar a la seva nova companya de vida.

—No —va dir amb un tènue somriure.

L'Arnau la va veure trista, va intentar animar-la.

ESCRIPTORA:

Com creus, jove lector, que l'animarà l'Arnau? Què se li haurà acudit per tornar a veure el somriure de la Naomi? Si ho vols saber, continua llegint...

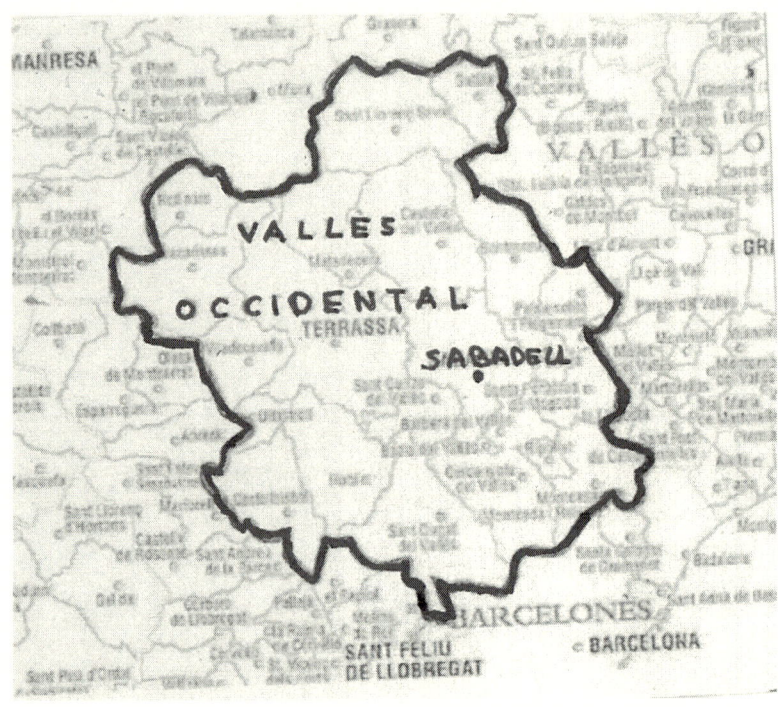

Capítol 14. Sabadell

—Què et sembla si t'ensenyo Sabadell? La meva ciutat i ara la teva.

—Què té d'interessant Sabadell? —va voler saber la Naomi d'una ciutat tan asfaltada.

—Doncs moltes coses, és una ciutat molt bonica i verda.

—Què vol dir verda?

—Que, tot i ser una ciutat, té vegetació verda, pulmons per poder respirar aire pur.

—I animals? —pregunta la Naomi amb curiositat.

—Gossos, gats, ocells en les cases.

—Vols dir que, com els teus, viuen amb els homes? —va reflexionar la nena.

—Sí, aquí això és normal.

—Teniu arbres? —va seguir interrogant l'Arnau per saber com era el seu nou lloc on viuria.

—Sí, tenim boscos i parcs. El més popular és el parc de Catalunya, que té un llac amb barques, ànecs i una cataracta; però no són com la Dindefelo.

—Ja, vols dir que no té coves ni secrets màgics —va concloure la nena amb fermesa.

—Això mateix —va concloure el nen, però tenim xemeneies, en record del fet que el tèxtil va fer créixer la nostra ciutat.

—Sí, sé alguna cosa del tèxtil, m'ho va explicar el pare Miquel.

Van començar caminar pels carrers de Sabadell, li va ensenyar les seves tendes preferides, van menjar un gelat per sorpresa de la Naomi, que no havia provat mai aquesta textura freda.

—Està fred, però és refrescant i té bon gust —va expressar amb sorpresa la Naomi al provar el gelat.

—Sí, aquí és molt normal menjar un gelat a l'estiu.

Mentre menjaven el gelat, ell li ensenyava l'ajuntament. Allà van jugar amb els salts d'aigua de les fonts del davant de l'emblemàtic edifici.

Per un instant, la Naomi es va treure les xancletes i es va mullar els peus als sortidors, per la qual cosa l'Arnau es va animar i la va imitar. Junts van saltar per entremig de l'aigua, la veritat és que no eren els únics.

L'Arnau va tenir una altra idea per animar la seva amiga.

—Ara que hi penso, vols veure uns ossos molt grans? —va dir tot satisfet.

—Ossos? —va preguntar estranyada.

—Sí, és un museu paleontològic de dinosaures.

—Ostres, quina meravella.

—Hi anem?

La nena es va acostar a l'orella de l'Arnau i li va explicar el seu pla.

ESCRIPTORA:

Si vols saber quin és el pla de la Naomi, segueix llegint i veuràs de quina forma ràpida i còmoda faran turisme per Sabadell.

Una espiral de colors de l'arc de Sant Martí, però només visible per ells, ningú més la va veure, els va portar en un no res a conèixer la ciutat, però van tenir temps de gaudir de cada lloc on l'espiral màgica els va portar, tal com van desitjar tots dos: els edificis modernistes, l'espai cultural, l'astronòmic, la Torre de l'Aigua, la Casa Durán, el campanar de Sant Fèlix, la masia de Can Feu, l'art del Vitrall, els museus, les escultures, el riu Ripoll, les fonts, la Bassa i altres piscines, el parc Catalunya, el bosc de Can Deu, la Salut... a més de veure totes les xemeneies i màgicament van veure les fàbriques on aquestes estaven en ple funcionament i per les xemeneies sortia fum... tot gràcies a la màgia.

Quan van sortir de l'espiral es van adonar que no estaven gens cansats, per tot el recorregut que havien fet. Havien conegut tot Sabadell en un tancar i obrir d'ulls.

Tots dos es van posar a riure, tan fort ho van fer que més d'una mirada va caure sobre ells.

—Si això ha de ser la nostra vida màgica, m'agrada.

—Sí, la veritat és que no està malament: ser invisible, tele-transportar-nos, desitjar algú alguna cosa i veure que es fa realitat. Mola molt —va afirmar després del comentari de la seva companya.

Tots dos nens es van adonar que no estava del tot malament tenir poders, un cop els sabessin dominar del tot, ja que per ells encara implicaven molts misteris als que tenien molt de respecte. S'ho havien passat tan bé que van voler acabar la tarda fent un altre gelat a la plaça Major, ja que a la Naomi aquella textura nova freda li havia agradat molt, tant que va voler repetir amb entusiasme, mentre xerraven i xarrupaven el gelat.

—Anirem a l'escola? —va voler saber la nena.

—I tant que sí, aquí és obligatori anar a l'escola. Ja veuràs, tot anant a casa, passarem per l'escola, hi queda al costat.

Van tombar pel carrer on es trobava l'escola a la que anava l'Arnau. Li va senyalar un edifici antic, però que mantingué la magnificència del passat.

—Aquesta és la meva escola —manifesta orgullós el nen.

—És molt gran, hi deuen anar molts nens.

—Sí, fins acabar els estudis obligatoris, que és quart de l'ESO.

—Com és? —va voler saber la nena.

—Què tal si entrem i la veus per tu mateixa?

ESCRIPTORA:

Van fer una ràpida però meravellosa i inesperada visita a la que seria l'escola de la Naomi, un recorregut ultra ràpid i invisible, perquè ningú no els va veure. No paris, jove lector, de llegir si vols saber què va passar en aquesta invisible visita a l'escola.

Sense pensar-ho dos cops, es van veure envoltats en l'espiral de colors de l'arc de Sant Martí.

—Mira, aquesta és la que en diuen plaça del Poble, ja que en acabades les classes, tots els nens juntament amb les seves famílies poden compartir-la amb els seus jocs, les classes l'envolten. Vine, mira la pista gran i amb grades, aquí entrenen futbol sala i bàsquet —van pujar per totes les classes, la biblioteca on la Naomi va gaudir mirant els llibres, més grans, altres més petits. Estava al·lucinant, el somriure se li escapava i l'Arnau se'n va adonar. Per això, la va deixar mirar llibres sense amoïnar-la. Li agradaven els llibres, estava clar.

—A casa els pares en tenen molts, de llibres.

Però ella va continuar mirant els llibres, mai a la vida es podria haver imaginat tants llibres junts.

Després van anar al laboratori, on l'Arnau li va explicar alguns dels experiments que havien fet. Llavors van passar pel gimnàs on la Naomi va fer una exhibició de gran gimnasta.

—Seràs una alumna de gimnàs brillant —li va dir al veure els seus giravolts.

Ella li va somriure obertament, ensenyant les seves blanques dents. A continuació van anar a donar una ullada a la cuina.

—Caram, quines olles i cassoles tan grans —va raonae la Naomi sorpresa.

—Pensa que són per molts nens —explica.

I al menjador, abans de marxar, no podien deixar de passar per la sala d'actes.

—Aquí fem les representacions, però també es fan presentacions i xerrades dels pares.

—Saps? Imposa una mica aquesta escola, però m'emociona, tinc tantes ganes de començar, però em fa una mica de por.

—Que va, és molt familiar i tu ets molt llesta. De seguida et faràs amb l'ambient de l'escola —la va animar—. A més, si pots amb lleons i amb elefants, podràs iniciar el curs escolar en la meva escola, que té un cor molt gran per tots els nens —explica tot orgullós l'Arnau.

—Però què farem amb els nostres poders? —va voler saber la nena.

—De moment serà un secret. Els meus pares diuen que ningú ho ha de saber, per seguretat, però jo crec ho explicaré a les Panteres Forever.

—Són els amics de qui m'has parlat?

—Sí.

—Ja, però encara no sabem quins i com són els nostres poders.

—Mai hem tingut secrets entre nosaltres. Sé que sabran guardar el nostre secret —explica el nen tot orgullós de les Panteres Forever.

—Suposo que a poc a poc els anirem descobrint, però sobretot hem de tenir calma i actuar amb normalitat.

—D'acord, tens raó, anirem fent el dia a dia.

—Però el que sí sabem és que podem entrar a l'escola sense que ningú ens vegi.

Capítol 15. Desig de filla

La nit va arribar i els nostres protagonistes es van tancar cada un al seu dormitori, però la inquieta Naomi no podia dormir i, com que la mare de l'Arnau li havia dit que podria decorar-la al seu gust, no sabeu què va fer!!! Doncs es va començar a dissenyar la seva decoració. Per fer això realitat va desitjar que l'habitació quedés com havia pensat, els quadres d'animals, lleons, girafes, zebres, elefants, màscares del seu poblat i sobretot fotos de moments que recordava haver viscut amb la seva mare i germans.

ESCRIPTORA:

Però, lectors, això encara la va fer recordar més la seva terra. L'enyorança de la seva família va fer que anés a l'habitació de l'Arnau.

Si voleu saber què va fer la Naomi, en quina nova aventura es posaren els nostres protagonistes, continua llegint i ho descobrireu per vosaltres mateixos.

Ho havia intentat tota sola, però les guspires blaves que activaven la màgia no van sortir, per la qual cosa el seu desig no s'havia fet realitat i alguna cosa li deia que necessitava la màgia de l'Arnau unida a la seva per emprendre el llarg viatge que volia fer. Sense fer soroll va anar fins l'habitació de l'Arnau, i va posar la mà sobre el triangle de foc màgic del nen. Unes guspires blaves van fer que els dos nens es veiessin embolicats en el ja conegut espiral de colors. Ella va somriure, ho havia aconseguit. Quan va obrir els ulls es va trobar a la cabana de tova de la seva mare. Les dues es van abraçar amb força sense pronunciar paraula. El seu company de la inesperada aventura es va fregar els ulls. No s'ho podia creure, seria un malson, però va veure com la mà de la Naomi el sacsejava contenta.

—Ostres!!! —no ho entenia, ell no havia desitjat estar a l'Àfrica, on tot va començar.

—No t'enfadis, Arnau, però necessitava veure la meva mare.

—Sense dir-me res —va expressar el nen entre sorprès i enfadat, però de seguida va callar per deixar que la Naomi i la seva mare parlessin.

—Quina alegria veure't, Naomi, com va tot? —preguntà la mare il·lusionada per veure-la, tocant-li la cara, els cabells i a tota ella —Ja no portes trenes.

—No, mare, però tot va bé. M'han ajudat tal i com tu em vas dir. Tindré una escola nova molt gran —li explica il·lusionada a la seva mare.

—Ara marxa, el pare està a casa la Salomó, però podria aparèixer i no et deixaria anar-te'n. Ja tenia aparaulat el teu matrimoni com va fer amb la teva germana Gala. Quan vas desaparèixer es va enfadar molt —va explicar la mare preocupada per la seva filla, però contenta de saber que tot li anava bé per Espanya i que estava il·lusionada per anar a l'escola nova.

L'Alfredo, el seu germà, que s'havia mantingut apartat de la conversa, es va apropar a la Naomi.

—Estic content per tu, petita, però la mare té raó. El pare, si et troba, et casarà. Marxa, si us plau, no t'arrisquis. Tu sempre has demostrat que ets llesta, potser el destí t'ha portat lluny per fer de tu una persona important.

Es van abraçar, tantes aventures viscudes, moments compartits. L'Arnau es va apropar, no entenia res.

—Com s'ha de casar la Naomi? Si només és una nena de deu anys.

—Aquí és molt diferent al teu país —digué l'Alfredo—. Aquí ja té edat de casar-se la Naomi. Marxeu —va dir l'Alfredo, vigilant al costat de la porta feta de pell i branques d'arbre, que era l'entrada de la casa feta de maons de fang.

—Gràcies per venir, filla, tot i no que et pugui veure, sé que estàs molt millor del que estaries aquí i sé que tindràs un futur brillant, com tu et mereixes —explica la mare donant-li l'últim petó a la seva filla—. A més, si es sabés de la teva màgia saps que et cremarien.

—Adeu —li va dir el seu germà—. Et trobaré a faltar, companya d'aventures —tots dos es van tornar a abraçar en un adeu prolongat, ja que era un adeu per sempre i ells eren conscients pel perill que implicava per la Naomi.

Els nens van tocar el cor l'un a l'altre i van entrar a la seva coneguda espiral de colors que els va portar al dormitori d'on havien sortit, d'on unes hores abans havien marxat.

—M'ha agradat ajudar-te, Naomi, però un altre dia desperta'm, d'acord?

—Tenia por que no volguessis.

—I tant que sí, germana, sempre estaré per ajudar-te.

—M'has dit germana!!! —exclama la nena sorpresa i contenta a la vegada.

—No ho dubtis, ja que has perdut la teva família, nosaltres serem la teva, i jo el teu germà. No puc dir que seré el teu germà gran —reflexiona— perquè tenim la mateixa edat.

ESCRIPTORA:

Sí, joves lectors, amb un somriure al llavis, els nostres protagonistes se'n van anar a dormir. Pl matí l'Arnau li havia de presentar a la Naomi les Panteres Forever, els seus millors amics.

Què en penseu, s'atreviran a explicar el seu gran secret?

Capítol 16. Panteres Forever

Aquell matí van aixecar-se amb una mica de son, encara per l'aventura viscuda aquella nit. Van esmorzar de pressa, mentre encara es tocaven els ulls cansats.

—Que tens ganes Naomi de conèixer els meus amics?

—És clar que sí, com vas dir que es deien?

—Són l'Albert, la Jana, el Pol i la Paula, tots junts formem les Panteres Forever i ara tu també en seràs un nou membre.

Es van trobar tots plegats al parc Catalunya, després de les salutacions totalment informals, entre rialles i les vergonyes superades pel nou membre inesperat del grup de Panteres Forever, grup on feien junts deures, excursions, jocs, jugar amb les mascotes i, com no, inventar les més extravagants de les aventures, però sobretot jugar al futbol.

—El que ens ha passat a la Naomi i a mi... —va afirmar, mirant els seus companys, sense saber com dir-ho.

—Digues-ho ja!!! —demanà la Paula.

—Mireu —es va llançar la Naomi, tenim poders. Veus com no és tan difícil d'explicar, Arnau?

—Què dius? —preguntà amb incredulitat l'Albert.

—Això no pot ser —va dir negant amb el cap la Jana.

—No, no m'ho puc creure —va dir el Pol.

—Va digue'm que és una broma —li demanà l'Albert.

—No, no és broma, és molt seriós, així que no us ho preneu en broma —els va demanar un Arnau bastant nerviós.

Tots estaven asseguts a la gespa, en rotllana davant del veler de ferro.

—Tant de debò tot fos un malson, però és molt real —va dir la Naomi.

—Però i, doncs, expliqueu com va anar, carai —va demanar la Paula, que havia estat callada fins aquell moment.

La Naomi es va mirar l'Arnau i aquest a ella. Tots dos de cop es van aixecar les samarretes, ensenyant al seus amics els triangles de foc màgics que tenien gravats a la pell, que els conferia una màgia sense límits, com ningú podia imaginar.

—Quina passada!!! —van exclamar els quatre a la vegada. Es van quedar sense paraules, la primera en reaccionar va ser la Jana.

—Expliqueu, com ha passat? —van voler saber tots a la vegada!!!

—Els meus pares buscaven el triangle de foc màgic, una relíquia molt antiga del Senegal.

—Això ja ho sabem —es van queixar els seus amics.

—Però el vam trobar nosaltres, per accident —va dir la Naomi tallant l'Arnau.

—Vam haver de passar laberints, desxifrar escrits antics, molt antics... —explicà l'Arnau.

—I caminar sobre la lava que no cremava, sense sortir del camí —va ajudar la Naomi explicant també.

—Animals sortien per tot arreu, però ells eren il·lusions... —seguia explicant l'Arnau als amics.

—Tot que eren molt reals, l'Arnau va fer que ens enfrontéssim a ells i així desapareixien, però vam passar molta por tots dos —va sentenciar la Naomi.

—Jo, si no hagués vist el triangle de foc màgic que teniu, no m'ho creuria —s'explicà l'Albert.

—Jo, doncs, estic flipant!!! —va comentar el Pol tot content i entusiasmat.

Llavors la Naomi els va dir que miressin un paper que estava al costat i va fer que aquest anés al cubell d'escombraries i després va desitjar que tots tinguessin el gelat que més els agradava a les mans.

—Fantàstic —exclamà l'Albert al veure a la seva mà un gelat de xocolata com el del Pol.

—Això és una passada —va dir la Jana mirant-se la mà, on tenia un gelat de llimona i la Paula, un de maduixa.

—Com ho sabies, Naomi, que m'agradaven els gelats de llimona? —la Jana és la que intentava buscar un raonament, una lògica.

—No ho sabia, només he desitjat que cadascú dels que estem aquí tingués a les mans el seu gelat preferit.

—I, com això, tot —va dir l'Arnau—. Podem ser invisibles, podem traslladar-nos a qualsevol lloc, amb el gelat ja ho heu vist.

Però li va dir a la Jana, la que semblava més escèptica de tots, que mirés la butxaca del vestit que duia.

—Ostres!!! —exclama aquesta contenta e incrèdula—. És un mico petit.

—No volies això? li va preguntar l'Arnau.

—Sí, però me'l podré quedar?

—Més aviat, pregunta si els pares voldran un petit mico voltant per casa —reflexiona l'Albert a la seva germana. Tots plegats van riure.

Capítol 17. Robatori

En això que la Naomi va demanar atenció.

—He escoltat que uns homes volen robar aquesta nit a la vostra escola.

Tots van callar.

—Jo també ho he sentit —va confirmar l'Arnau davant de l'escepticisme dels seus amics.

—Imagino que ho heu sentit pels vostres poders? —pregunta a la vegada que afirmava la Jana.

—Doncs anem a la policia.

—Però que t'has tornat boig, Pol!!! —l'escridassa la Paula.

—És el més lògic —es va queixar aquest.

—No, Pol, pensa què explicarem a la policia, que uns amics tenen poders i sabem que aquesta nit a la nostra escola hi haurà un robatori? No podem —sentencia la Paula.

—D'acord, tens raó, Paula —va reconèixer.

—Llavors, què fem? —va voler saber la Jana—. Expliquem-ho als pares.

—Noooooooooooo!!! —li van contestar els seus amics.

—Ningú ho pot saber —va dir l'Arnau.

—Llavors, deixarem que robin l'escola? —es va sorprendre l'Albert.

—No —va sentenciar la Naomi—. Nosaltres salvarem l'escola.

—Com? —preguntà el Pol.

—Que no som les Panteres Forever? —va preguntar l'Albert.

—Sí, però només som nens.

—No hem de tenir por —va dir la Naomi—. Jo he caçat lleons.

Tots van callar.

—I què ens vols dir, Naomi? —li va preguntar la Paula.

—Doncs que, tot i ser nens, tenim poders i valor, així que ho aconseguirem —va estendre una mà tal com li havia explicat el seu germà Arnau—. Panteres Forever unides!

Tots van estendre el braç i van cridar:

—Panteres Forever!!!

—Aquesta nit estarem a l'escola tots vestits de negre i us ho explicaré —va dir l'Arnau.

—Explica, què farem?

—D'acord, els farem creure que som fantasmes. Jugarem amb el fet que podem ser invisibles a la vegada que podem flotar i volar...

—Fantàstic —afirma la Naomi.

A tots els va semblar un pla genial. No tenien por, ja que contaven amb els poders de l'Arnau i la Naomi.

Van quedar a l'escola a les deu, quan els pares es pensaven que ja dormien.

—D'aquí poca estona vindran els lladres, preparem-nos per rebre'ls tal i com es mereixen. Farem dos equips: jo, l'Albert i la Jana per una banda i, per l'altra banda, la Naomi, la Paula i el Pol.

Van preparar el seu pla, tots vestits de negre per confondre'ls més encara. Tot sortiria bé, ells tenien la màgia de la seva part i els lladres no sabien del que eren capaços les Panteres Forever per salvar l'escola.

Com si d'un partit de futbol es tractés, van començar l'escalfament per fer un bon partit.

Eren passades les onze de la nit, es van amagar i van deixar que els lladres entressin pel pati. Eren quatre i el que havia quedat al furgó.

—Vinga, nois, que això serà una feina fàcil —va explicar el que semblava que era el que dirigia el robatori.

—Preparats, nois? —va preguntar l'Arnau.

—Preparats!!!! —van contestar.

—Amagar-se toca —va demanar aquest.

Es van dividir en dos equips de tres a cada un.

ESCRIPTORA:

Sí, joves lectors, els fantasmes estan a punt d'actuar. Continua llegint si vols saber què tal ho van fer els nostres protagonistes de fantasmes...

—Què s'emportaran, Arnau? —va voler saber la Naomi mentre esperaven.

—Tot el que puguin vendre: ordinadors, pantalles digitals, tabletes, equips de música...

Els lladres, tal com havien sospitat, havien entrat pel pati i es van dividir en dos parelles per reunir material; uns van anar cap a l'esquerra i els altres cap a la dreta.

La Naomi es va deixar veure.

—Hola —va dir la Naomi amb naturalitat a uns dels lladres, el que tenia més a la vora.

—Què hi fas tu a aquestes hores a l'escola? —l'interroga el lladre.

—Tu què en penses? el va reptar.

Va aixecar els peus del terra flotant.

—Mateo, a l'escola hi ha fantasmes.

Aquest es va girar i no hi va veure res.

—No diguis ximpleries i treballa —li demanà.

—Mira-la —es queixa aquest novament.

—Jo no hi veig res —li tornà a dir.

El lladre es va girar i es va trobar amb el Pol somrient-li mentre flotava.

—I d'aquest nano què em dius?

Es tornar a girar i res va veure.

—T'estàs tornant boig o què et passa? Jo no hi veig res.

I és que el Pol va desaparèixer fent-se invisible, l'estratègia era posar-los nerviosos.

Mentrestant, els altres lladres no tenien millor sort. Van veure un nen que parlava i els va preguntar:

—Explica't, què fas a la meva escola?

—Tu qui ets?

—Un alumne —respongué seriós l'Albert.

—L'escola està tancada.

—Jo fa molts anys que vago per l'escola, des de la meva desgraciada mort —va dir aquest amb to de veu greu, per donar més realitat a la seva actuació.

—Ets un fantasma? —interroga incrèdul el lladre.

—Tu què en penses? —interroga l'Albert.

—No pot ser —va dir amb calma, però va començar a cridar en veure com el peus del nen s'aixecaven del terra.

I és que l'Albert va començar a flotar per desig de l'Arnau i la Naomi.

—Per què crides, babau? Els veïns ens sentiran i cridaran a la policia —va renyar un lladre l'altre, que era més gran i tenia una veu que espantava.

—Mira, aquest nano flota, és un fantasma.

—Què dius de fantasmes, no hi ha ningú —va increpar-li.

Llavors van aparèixer tots tres flotant, l'Albert, la Jana i l'Arnau, i repetint la mateixa frase un cop i un altre cop.

—Aquesta és la nostra escola, aquesta és la nostra escola —sense deixar de repetir aquestes paraules i flotant sense parar a dalt i a baix.

—Ara què dius dels fantasmes —li inquirí un lladre a l'altre lladre.

Aquest va començar a córrer com si el diable el perseguís i el seu company va córrer com ell. Tenia clar que no es volia quedar sol amb els tres fantasmes que els perseguien. No podien deixar de cridar de por, mentre anaven a buscar els seus companys.

Per què crideu? —va voler saber el que estava clar que era el cap dels lladregots.

—Fantasmes, fantasmes van repetir.

—Veus, jo ja t'ho deia —li va dir l'altre lladre que estava al seu costat—. No em feies cas, en aquesta escola hi ha fantasmes.

—Però és que tots us heu tornat bojos...

Quan de cop va veure els sis nanos vestits de negre i que flotaven amunt i avall.

Al cap dels lladres, a qui tots cridaven Mateo, se li va posar la cara blanca i de tots els colors quan els va veure volant, l'altre va caure rodó al terra, l'altre va suplicar als fantasmes, mentre que a l'altre se li va escapar els pipí de la por que tenia.

—Millor serà que sortim d'aquesta escola —va ordenar en Mateo—. Espavila't!!! Corre, corre!!!! —va dir, mentre arrossegava al que havia caigut al terra per sortir ràpidament.

ESCRIPTORA:

Sí, joves lectors, tots van córrer per sortir per on havien entrat, la porta de la pista que donava al carrer del darrere

de l'escola, un carrer poc concorregut, però unes cordes invisibles, posades per les Panteres Forever estratègicament, els van fer caure un a un, evitant la seva fugida. Això no és tot, si vols saber com va acabar el robatori continua llegint.

Mentrestant, una veïna havia avisat la policia per desig dels nostres protagonistes. També es van desinflar les quatre rodes de la furgoneta de cop i el conductor es va quedar enganxat al seient sense poder-se moure. Va veure com arribava la policia i emmanillava els seus companys, sense entendre què havia sortit malament en un robatori que el cap els havia dit mil cops que era molt senzill.

Mentre els policies els emmanillaven, els lladres cridaven:

—A l'escola hi ha fantasmes!

—Més d'un fantasma —ratificà un lladre a l'altre.

—Parlen i són sis nens morts —explica nerviós un dels lladres.

—Vestits de negre.

Els policies no podien deixar de riure de les paraules atropellades que deixaven escapar per la boca els lladregots, per la qual cosa es van mofar d'ells.

—Jo pensava que els fantasmes vestien de blanc i, per cert, tots els fantasmes estan morts...

L'altre policia:

—Doncs l'escola ha tingut molta sort de tenir fantasmes, ja que han evitat el vostre robatori.

El lladre de la furgó va començar a tremolar en veure un policia que obria la porta i l'estirava amb força, per la qual cosa es va desenganxar del seient, deixant els pantalons enganxats en aquest i veient-se-li els calçotets del barça.

—Jo no he fet res de res —es queixava el lladre de la furgoneta.

Els policies encara no entenien com aquells lladregots havien planejat el robatori amb totes les ximpleries que deien sense parar...

ESCRIPTORA:

Sí, joves lectors, la màgia de l'Arnau i la Naomi havia evitat el robatori a l'escola. Voleu saber què estan fent les Panteres Forever?

—Vinga, nois, aquesta nit a la garjola passareu —va dir la policia.

—L'escola està plena de fantasmes —exclamaven els lladres tot alterats per com havia acabat el robatori dirigint-se als policies.

—Només ens faltava això, uns lladres que tenen por dels fantasmes inexistents.

Els nostres amics havien vist com la policia detenia els lladregots, finalitzant així un robatori frustrat, per una finestra virtual, des de la que ho podien veure, tot i que a ells ningú no els podia veure.

Als protagonistes cada dia els agradava més la màgia adquirida accidentalment, per la qual cosa van decidir fer una proposta a les Panteres Forever.

Capítol 18. Tendresa

Quan es van quedar sols a l'escola, van botar d'alegria.

—Hem guanyat els lladregots!!! —van exclamar.

—Sí, jo crec que ens mereixem un premi.

—Doncs ja que ho dius, Arnau, crec que una pizza estaria genial —va demanar la Paula, que tenia gana.

—Sí, no estaria malament —va dir el Pol, que sempre estava disposat a menjar.

Però l'Arnau i la Naomi tenien en ment alguna cosa molt diferent. Es van mirar i en un tres i no res els sis amics van ser envoltats per una brillant llum de l'arc de Sant Martí.

ESCRIPTORA:

Com ja coneixeu, joves lectors, continueu llegint si voleu saber on han anat les Panteres Forever.

—Ostres!!! On som? Mira, hi ha elefants —exclama la Jana amb alegria.

—On som? —va voler saber el seu germà.

—Hem vingut a fer un safari i a conèixer de prop els animals salvatges que fins el dia d'avui només coneixíeu en foto o al zoo.

—Doncs comencem —va dir ràpidament l'Albert, que tenia moltes ganes d'aventura.

—Veureu, jo seré la capitana del safari, però l'Arnau us explicarà coses del parc Niokolo-Koba, que és on som.

—Vivies per aquí, Naomi?

—Sí. Per això ho conec tot tan bé, ho tinc tot apamat, però ell us pot explicar dades del parc que jo desconec.

—Esperem que surti el sol per veure els animals —explica l'Arnau.

Dit i fet. Van aparèixer unes tendes de campanya, on van passar la nit, però primer van fer un sopar improvisat per un petit foc, on van coure unes delicioses salsitxes de frànkfurt i les van posar amb uns tendres panets, sense obviar el quètxup, i de postres van coure núvols de caramel punxats en un pal mentre miraven el cel estrellat d'un blau intens fins que la son els va fer anar a les tendes a dormir.

L'Arnau va veure el sac de la Naomi buit i va estar despert fins que ella va tornar.

—Has anat a veure la teva mare? —interroga el nen mentre creuaven les seves mirades de xocolata en la penombra de la tenda.

—Sí, estava tan a prop d'ella que no podia deixar d'anar-hi i, a més , no he necessitat la teva màgia, Arnau —va explicar contenta la Naomi en veu baixeta.

—Me n'alegro, Naomi. Ara serà millor que dormim. demà ens espera un dia francament especial, sobretot pels nostres amics —va reconèixer l'Arnau.

Tots dos nens es van adormir, amb el silenci de la nit fosca al parc Niokolo-Koba.

L'endemà es van despertar contents per descobrir més del parc.

L'Arnau va començar a explicar informació, ja que per venir de vacances aquí va estudiar molt bé el parc.

—Veureu, té una extensió de 9.130 kilòmetres quadrats de part tot pla, l'elevació més alta és el mont Assirik amb 311 metres. Aquest parc es va fer per preservar les espècies dels caçadors furtius.

—Per allà podeu veure les altíssimes girafes.

Es van apropar a elles i els hi van donar fulles. Elles es van quedar amb ells mentre l'Arnau els explicava més sobre el parc.

—En aquest parc hi trobem vuitanta espècies de mamífers, trenta-sis espècies de rèptils i tres-centes d'aus.

—Això és important perquè us feu una idea, però no deixen de ser números —va dir la Naomi—. Jo he viscut aquí tota la vida i no ho sabia.

—A mi el que m'agrada és poder tocar els animals —va dir l'Albert.

—A mi, poder estar a prop d'ells —va manifestar la Paula entre por i entusiasme tot barrejat.

—Doncs a mi tot això em sembla surrealista, però fantàstic!!! —la veu infantil del Pol amb un to d'il·lusió es va deixar sentir.

—Llavors, continuem —es va deixar sentir la veu de comandament de la Naomi, que feia la funció de capitana.

Tanmateix, les explicacions del jove guia turístic que no eren d'un altre que de l'Arnau.

—Els rinoceronts, els veieu en aquell manglar. Just al riu veureu hipopòtams que treuen el cap de l'aigua i també podreu veure algun cocodril africà, compte amb les seves dents.

—Quina por —va manifestar la Paula—. No tinc ningunes ganes de veure'ls.

—Doncs passem d'ells —assegura l'Arnau—. Segui que t'agradaran els ximpanzés, mones verdes, mones vermelles, babuïns... Els facoquers són com els senglars africans, són atrevits, s'atreveixen a creuar les carreteres. Després tenim el lèmur del Senegal, que sembla un peluix, i les gegantines tortugues, les aus com l'amarant, el turac o la txagra o el blauet, però dels que a penes es parla són els antilops de diverses espècies. Hi ha un que a penes es deixa veure. És l'antilop cudú gros, té una cornamenta enorme. Els impala també estan dintre dels antilops. Els òrixs són com cavalls amb una cornamenta recta i llarga amb anelles i actua com un toro.

—Saps, Arnau? Prou d'antilops —va avisar la Jana.

—No t'agraden, Jana? —va voler saber l'Arnau, ja que a ell li entusiasmaven tots els animals.

—Quins animals són els que voleu veure? —va interrogar la Naomi.

—Doncs, si pogués triar-ne un, no sé pas quin triaria —va contestar la Paula amb el dubte de quin animal triar.

—Però això no es pot fer —li recorda el Pol.

—Sí que es pot —va dir la Naomi.

—Que cadascú triï un animal —ratifica l'Arnau.

La Jana va ser la primera.

—Elefants.

—Lleons —va desitjar el Pol.

—Jo no sé quin animal demanar encara —seguia dubtant la Paula, finalment va dir—: El lèmur del Senegal.

De seguida va dir l'Albert que ja sabia què volia:

—Lleopards, ja que ja tenim el rei de la selva —va demanar l'Albert.

—Jo diré zebres, són tendres i boniques —va dir la Naomi amb tendresa.

Ja només quedava l'Arnau per definir-se.

—Doncs em quedaré amb la tendresa de les girafes.

Doncs dit i fet. Els animals mencionats van aparèixer envoltant-los a tots, els quals es van quedar emocionats. Tot i això, la Jana es va apropar a l'orella de la Naomi.

—Tu creus que podrien aparèixer ximpanzés? —li va dir amb un xiuxiueig a l'orella.

—I tant que sí!!! —va aparèixer el que havia demanat la Jana i vàries espècies de primats, babuïns, mones verdes i d'altres...

Llavors l'Arnau va desitjar que apareguessin aus.

—Que bonica tota vermella —exclamà la Paula.

—Aquesta és l'amarant —va confirmar l'Arnau.

Quan van veure un ocellet petitet i de color turquesa, tots el van admirar per com de petit era i el color tan bonic que tenia.

—Aquest es diu blauet i aquest altre de color verd amb aquesta cresta blanca és el turac.

Les aus van volar entre els animals jugant amb ells i deixant que els nens els toquessin a la vegada que es posaven al seu cap o a les espatlles dels nens, mentre aquests acariciaven els lleons i pujaven a les zebres, que els van passejar per aquell indret, tan ple d'enormes baobabs, acàcies i una exuberant vegetació verda, que tot ho travessava el riu Gambia. Els ximpanzés van pujar pels arbres i les mones, tot i que s'amagaven, les van poder tocar, tal i com ho van decidir l'Arnau i la Naomi.

ESCRIPTORA:

Sí, joves lectors, heu arribat al final, però quedeu-vos amb la tendresa que els protagonistes viuen en el parc de Niokolo-Koba, com si fos l'aparador d'una gran botiga de joguines plena de peluixos de tot tipus d'animals i sis nens que es divertien jugant amb ells.

Capítol 19. Realitat o somni

L'endemà cada nen es va llevar a casa. Tot semblava normal, com si tot hagués estat un somni, però cada nen tenia una foto amb l'animal que havia demanat, per la qual cosa no havia estat un somni. Costava de creure. Al despertar es van imaginar que havia estat un somni, però la realitat era una altra, ja que havia estat molt real.

L'Arnau i la Naomi esmorzaven quan va arribar l'avi amb unes fotografies a les mans.

—Què vau fer ahir per la nit? —va interrogar aquest tranquil·lament mentre deixava les fotos sobre la taula—. Bonic safari.

—Avi... veuràs... —l'Arnau no sabia com explicar-ho al seu avi—. Després d'aconseguir parar el robatori de la nostra escola, vam decidir que mereixíem un premi per la nostra lluita —expressà ràpidament la Naomi.

—Aneu amb compte, petits —va avisar l'avi—. No voldria que correguéssiu riscos innecessaris. La propera vegada que vulgueu tenir una aventura tingueu-me en compte. Recorda, Arnau, que jo soc un gran aventurer.

Sense dir res més, l'avi va marxar, deixant els nens ben bocabadats.

—Arnau, el teu avi també és arqueòleg? —interrogà la Naomi amb curiositat.

—No, l'avi Esteve és pagès.

—Com ha dit allò de l'aventura... —recordà la nena sense entendre res.

—Sí, de jove era un gran aventurer, patrullava amb els llops pels boscos de Sabadell i els del parc de Gallecs de Mollet, que és on ha treballat sempre l'agricultura —va esclarir el nen.

—I diu que el proper cop li diguem.

—Tranquil·la, Naomi, l'avi és molt bromista —explicà l'Arnau—. Tot i així, ha volgut dir que tinguem compte amb el que fem amb els nostres poders.

La nena ho va entendre i assentí amb el cap, mentre continuava menjant els cereals amb llet.

Els nens van agafar les fotos que havia deixat l'avi sobre la taula on ells esmorzaven. Van mirar les fotos on, igual que la resta de Panteres Forever, sortien amb l'animal que cadascun havia triat i en una altra estaven tots junts. Al mirar l'altra fotografia, van veure tots els animals junts i ells, però tots dos es van espantar al veure que entre la vegetació es veia clarament un home amb barba pèl-roja. L'Arnau no en va tenir cap dubte.

—És el professor Von Friedrich —explicà.

—Ostres, va veure la nostra màgia, ara sabrà tenim el triangle de foc màgic —reflexionà la Naomi espantada.

—Sí.

—Què farem? —va preguntar preocupada.

El nen va somriure amb malícia.

—Desitjarem que no recordi res del que va veure.

—Aaaaahhhh!!! Crec que tinc una idea millor —va somriure la Naomi.

—Què vols fer? —interrogà ell.

—Què et semblaria si desitgéssim que el professor Von Friedrich no se'n recordi mai més el triangle de foc màgic? —explicà la Naomi contenta de pensar que la màgia serviria per alguna cosa més que divertir-se.

—Molt bona idea, ja farem coses màgiques tu i jo junts.

Ells reien amb una innocència infantil d'haver obtingut la victòria entre una màgica màgia que encara els sorprenia en el dia a dia, però que els agradava cada cop més.

ESCRIPTORA:

Sí, joves lectors, ja us vaig dir que aquesta lectura estava plena de màgia i amb màgia l'acabem.

ESCRIPTORA:

Ara, jove lector, toca saber si has estat atent a petits detalls de la lectura, per veure si d'ells fas una gran comprensió lectora. Anima't, tu ho pots fer!!!

No ho farem fent un avorrit resum, sinó unes preguntes que tu podràs contestar al teu ritme. Si ho necessites, fes una ullada a la lectura. No és trampa, ja que per buscar a la lectura has de saber el lloc on buscar.

Comprensió lectora

1.- Com es diuen els nens que formen les Panteres Forever?

2- I per què es va iniciar el grup de Panteres Forever?

3- Quins noms tenen les mascotes de l'Arnau?

4- Què li regala l'avi just abans del viatge a l'Arnau?

5- Què veu l'Arnau en arribar a Dakar?

6- Com es diu el misteriós personatge pèl-roig, amb un ull tapat, un braç ortopèdic i que parla alemany?

7- Com es diu el poblat on busquen el triangle de foc màgic els pares de l'Arnau?

8- Com són els baobabs i quants anys viuen?

9- Què li ensenya la Naomi a l'Arnau a dalt d'un baobab?

10- Com es diu la cascada que voregen per tornar al campament?

11- Com es diu el campament on s'està l'Arnau i quin riu hi passa?

12- Quants caminets hi ha a la cova on cau la Naomi?

13- Què hi diu a la inscripció de símbols antics que està darrere de les pedres de fang?

14- Què passa dintre de la cambra fins arribar el bruixot?

15- Quan toquen el triangle de foc, què passa?

16- A la cova, què passa amb l'aigua?

17- Quins poders reben?

18- Què els diu la forma humana que surt de l'arc de Sant Martí al dia següent quan tornen a la cova amb els pares de l'Arnau?

19- Quan van en l'avió, què mira la Naomi per la finestra?

20- Quines coses li ensenya l'Arnau a la Naomi de Sabadell?

21- Què és el que li agrada més a la Naomi de la seva nova escola?

22- Què diuen les Panteres Forever dels poders que tenen els seus amics?

23- Quin pla posen en marxa perquè no robin a l'escola?

24- Què els passa als lladres finalment?

25- Quin premi regalen la Naomi i l'Arnau als seus amics després del robatori?

26- Anomena els animals que menciona l'Arnau que veuran al parc Niokolo-Koba.

27- Per què es va crear el parc Niokolo-Koba?

28- Quina extensió en quilòmetres té el parc Niokolo-Koba?

29- Què descobreixen la Naomi i l'Arnau l'endemà del dia ple de tendresa mirant les fotos?

30- Què decideixen fer després de veure la foto els nostres protagonistes?

ESCRIPTORA:

Atreveix-te, jove lector, a fer de crític de la lectura que acabes de llegir. A mi com a ESCRIPTORA m'interessa molt, crec que per a tu serà tot un repte.

Sigues crític

1- Què és el que més t'ha agradat de la lectura?

Què és el que menys t'ha agradat de la lectura?

3- Si haguessis d'incorporar un personatge a la lectura, quin seria? Com es diria? Descriu com seria. En quin moment de la lectura l'incorporaries?

4- Si haguessis d'eliminar un personatge de la lectura, quin eliminaries? (Recorda que a tota història hi ha d'haver un protagonista/es i un/s antagonista/ess).

5- T'ha agradat el final o el canviaries? Explica què canviaries.

6- T'agradaria que aquesta lectura tingués continuïtat?

ESCRIPTORA:

«Hola, jove lector. El que has de saber de mi com a autora és molt simple. Sempre he escrit, ja que és la meva gran passió des que era una nena i sempre he lluitat per aconseguir el meu somni.

Arran de ser mare, van néixer els meus contes, perquè no m'agradava explicar contes populars... sinó que preferia inventar-los dia a dia, cosa que resultava fàcil gràcies a la meva gran imaginació.

Jo escric sense haver d'aïllar-me, entre rialles i baralles infantils, el so de la tele o després d'una jornada laboral, ja que l'escriptura flueix del meu ordinador sense parar.

Tot i que els contes i llibres per a joves em tenen robat el cor, escric tot tipus de gèneres, ja que si un escriptor té imaginació, com és el meu cas, no té límits el que pot arribar a escriure.

Un punt fonamental per a mi com ESCRIPTORA és gaudir del que escric i ser crítica amb mi mateixa, però sobretot pensant que qui agafi un llibre escrit per mi gaudeixi tant amb la lectura com jo ho he fet escrivint-lo.»

Neus Llalo

133